Ian Parker & David Pavón-Cuéllar

Psychoanalyse & Revolution

Kritische Psychologie
für Befreiungsbewegungen

Deutsch von Robert Hamm

Argument Verlag

Titel des englischen Originaltexts:
Psychoanalysis and Revolution:
Critical Psychology for Liberation Movements

Die Deutsche Nationalbibliothek verzeichnet diese Publikation in der Deutschen Nationalbibliografie; detaillierte bibliografische Daten sind im Internet über http://dnb.d-nb.de abrufbar.

Deutsche Erstausgabe

Glashüttenstraße 28, 20357 Hamburg
Telefon 040/4018000 – Fax 040/40180020
www.argument.de
Umschlag: Martin Grundmann, Hamburg
Lektorat und Satz: Iris Konopik
Druck und Bindung: CPI books GmbH, Leck
Gedruckt auf säure- und chlorfreiem Papier
ISBN 978-3-86754-524-2
Erste Auflage 2023

Inhalt

Vorwort zur deutschen Ausgabe

Auf zwei Sesseln und der Couch sitzen Eltern und Kinder nebeneinander und einander gegenüber. [...]
Steil aufgerichtet blicken sie lächelnd aneinander vorbei, in die vier Ecken des Herrenzimmers.
Niemals wird man beweisen können, dass Millionen solcher Familienfotos, übereinandergelegt, etwas mit dem Ausbruch eines Krieges zu tun haben könnten.
Christa Wolf, Kindheitsmuster (236f.)

Als ich Freuds gesammelte Werke zum ersten Mal aufschlug und in die *Vorlesungen zur Einführung in die Psychoanalyse* hineinschaute, verschlug es mir fast die Sprache. Weder hatte ich in meiner – damals erst relativ kurzen – akademischen Laufbahn etwas ähnlich Indiskretes gehört, noch konnte ich mir vorstellen, dass diese Vorlesungen 1916/17 tatsächlich gehalten wurden. Die Themen waren nahezu ungeheuerlich: kindliche Perversion und Sexuallust, inzestuöses Begehren, Neurosen als Folge verdrängter und verpönter sexueller Wünsche – solche Vorlesungen parallel zum Ersten Weltkrieg? Die Zuhörenden müssen doch empört den Hörsaal verlassen haben ... Nun ja, sicher nicht alle. Denn einigen muss es so ergangen sein wie mir: Freuds Worte wirkten wie ein Sog, Psychoanalyse hat immer fasziniert. Freud holte das Irrationale, das Triebhafte, das Unbändige wieder zurück in das Wesen des Menschen. Themen, denen sich die universitäre Psychologie bis heute verschließt. Das war Freuds Radikalität, das ist die Radikalität der Psychoanalyse bis heute. In ihr kehrt das Unabgeschlossene, Widersprüchliche, Fragmentierte, Verdrängte im Menschen zurück. Freut lehrte: Unterdrückte Wünsche und verdrängte Phantasie verschwinden nicht aus dem Subjekt, vielmehr wird es dadurch starr und unbeweglich. Die unverarbeitete Schuld eines Krieges, der verdrängte

Sadismus und die kollektiv unterdrückte Scham haben ihre rigiden Spuren bei bedeutenden Teilen deutscher Generationen hinterlassen. Christa Wolf versucht im eingangs zitierten Roman ihrer eignen Verantwortung nachzugehen und die vielschichtigen und verschütteten Spuren der Erinnerung aufzubrechen.

Wenn Parker und Pavón-Cuéllar ein Manifest über Psychoanalyse und Revolution verfassen, denken sie zwangsläufig über das Verhältnis von Selbstbefreiung und gesellschaftlicher Befreiung nach. Doch wie ist die Relation von innerer und äußerer Befreiung? Viele von uns haben selbst die Erfahrung gemacht, dass linke Befreiungsbewegte nicht befreiter sind als andere. Dass gerade die Tiefenstruktur der Psyche merkwürdig widerständig ist gegenüber progressiven Einsichten. Dass feministische Männer stalken, belästigen, vergewaltigen, dass linke Solidarität gegenüber Obdachlosen und Armen begrenzt bleibt, dass progressive soziale Bewegungen immer wieder erstaunlich weiß sind. Dies geschieht häufig wider besseres Wissen, entgegen der Ratio, und die Mechanismen, die Herrschaft auch in Befreiungsbewegungen immer wieder reproduzieren und aufrechterhalten, bleiben dabei unbekannt und unerkannt. Ihre Aufdeckung ist bzw. wäre viel Arbeit, Arbeit gegen innere und äußere Widerstände. Dass Moral und Bedürfnis regelmäßig auseinanderklaffen, auszuhalten lernen, wäre die Aufgabe progressiver Bewegungen. In diesem Sinne ist Psychoanalyse ein Werkzeug zur Befreiung: Sie kann dann revolutionär sein, wenn sie auch zum Instrument wird, uns selbst zu durchdringen, wenn wir ihr Angebot annehmen, uns mit unseren (auch verpönten) Bedürfnissen, mit unserer eigenen inneren Bodenlosigkeit zu befassen. Das sind, wie es später die Objektbeziehungstheoretiker:innen um Melanie Klein benannten, die beiden großen urzeitlichen Instinkte des Menschen: Hunger und Liebe (Klein & Riviere, 1983 [1937]). Dieses Buch kann als Einladung dazu verstanden werden.

Psychoanalytisch betrachtet befindet sich der Mensch in einem permanenten Konflikt, in einem *inneren* zwischen Trieb und Moral, und einem *äußeren*, zwischen Trieb und den Anforderungen der Kultur zu ihrer Beherrschung. Ein unlösbarer Konflikt, ein Spannungsverhältnis zwischen Individuum und Gesellschaft, das niemals aufgelöst werden kann. Spannungsfreiheit ist Stillstand und Stillstand ist Tod. Insofern ist es das Drängende des Triebes, was uns lebendig hält, und gleichzeitig jenes, was nach Abfuhr verlangt, damit wir zur Ruhe kommen. Es ist grundlegende Aufgabe über die gesamte Lebensspanne hinweg, zwischen diesen beiden Polen zu tarieren.

Es war vor allem die Frankfurter Schule, die dieses Spannungsverhältnis in Relation zur Konstitution der Gesellschaft setzte. Einerseits, das stellte Freud (1930) schon fest, geht Zivilisation notwendig mit der Anforderung einher, die innere Natur zu kontrollieren. Jede Gesellschaftsform erfordert Triebverzicht. Die Kritische Theorie der Gesellschaft brachte diese Einsicht mit dem Spannungsverhältnis der Klassen in Zusammenhang: Die Spannung »zwischen den Bedürfnissen und den zu ihrer Befriedigung zur Verfügung stehenden Mitteln« wird unter kapitalistischen Verhältnissen »noch verstärkt durch diejenige zwischen dem höheren Maß an Bedürfnisbefriedigung der herrschenden Klasse und den geringeren der beherrschten« (Fromm 1936, 94). Revolution strebt also eine gesellschaftliche Produktion an, die so eingerichtet ist, dass sie möglichst viele Bedürfnisse ihrer Mitglieder deckt. Oder anders herum: Der notwendige Verzicht ist auf allen Schultern gleich verteilt. Eine vernünftige Gesellschaft verlangt ihren Mitgliedern nicht mehr Triebunterdrückung ab als zu ihrer Reproduktion nötig. In vielerlei Hinsicht galt und gilt die Revolution als Glücksversprechen, als Weg hin zu einer Gesellschaft, in der »alle Springquellen des genossenschaftlichen Reichtums voller fließen« (MEW 19, 21). Jeder nach seinen Fähigkeiten also, jedem nach seinen Bedürfnissen. Aber auch Marx spricht von der materiellen Basis des Reiches der Freiheit: dem *Reich der Notwendigkeit* (MEW 25, 828).

Parker und Pavón-Cuéllar leisten einen Beitrag dazu, sich mit dem Spannungsverhältnis zwischen Freiheit und Notwendigkeit auseinanderzusetzen – aktuell und zukünftig. Vor diesem Hintergrund kann der bestehende Zustand dahingehend befragt werden, an welchen Punkten die jetzige Gesellschaft Verzicht dort erfordert, wo er nicht nötig wäre, Tod dort produziert, wo er nicht sein müsste. Spätkapitalismus hat trotz des technischen Fortschritts kaum zur Verbesserung des Lebens beigetragen. Der westlichen Arbeiter:innenklasse wurden Zugeständnisse eingeräumt. Parallel dazu aber finden sich die Entwicklungen im globalen Süden, die jenen der westlichen Arbeiterklasse zu Beginn des letzten Jahrhunderts weiterhin ähneln – bis hin zu Phänomenen moderner Sklaverei. Und dennoch scheint die Revolution weit entfernt. In den *Studien über Autorität und Familie* (Horkheimer 1987 [1936]) rückten die Frankfurter die Institution der Familie und die Autorität des Vaters in den Vordergrund: Hier lag der Schlüssel zum Verständnis des Weges von den äußeren Anforderungen der Härte und Selbstbeherrschung hin zu verinnerlichten Werten. Je autoritärer die Gesellschaft, desto rigider das Über-Ich und die Individuen, die in ihr leben. Die Familie ist die zentrale Vermittlungsinstanz. Rückschlüsse sind aber auch in die andere Richtung möglich: Autoritäre Subjekte bleiben Ausdruck einer autoritären Gesellschaft. Die Unterwerfung hat sich nicht verringert, sondern verschoben. Nicht mehr der Vater verkörpert die Autorität, sondern das kapitalistische Glücksversprechen durch Leistung (Decker 2015). Unter dem Diktat des globalen Spätkapitalismus wird nicht nur die Arbeitskraft, sondern alles zur Ware: unsere Freizeit, unsere Sexualität, unsere Beziehungen. Anrufungen zu Selbstbeherrschung, Anpassung und Unterwerfung machen dabei das Lebendige und Unkontrollierbare im Subjekt zu einer ständigen inneren (und äußeren) Bedrohung. Denkbar bleibt so der Umsturz dann nur als Einsturz, Revolution als Destruktion. Sie wird Ausdruck einer inneren Welt nicht zugelassener Affekte in einer von Anpassung und Unterwerfung geprägten äußeren Welt. Psychoanalyse ist ein Werkzeug, Zugang zu finden zum Verdrängten, die Gewalt des Über-Ichs zu begreifen und möglichst zu mildern. Sie steht somit auf der Seite der individuellen Befreiung. Sie ist aber auch ein Weg, den anderen und die Welt besser zu verstehen. Beide Aspekte bezieht die Lektüre ein.

Psychoanalyse und Revolution werden dabei von den Autoren aufgegriffen, da sie beide das Gegenwärtige aus seiner Geschichtlichkeit heraus verstehen. Der Marxismus hilft uns, die Geschichtlichkeit des Bestehenden zu durchdringen, zu begreifen: So wie es ist, kann es nicht bleiben. Und auch in der Psychoanalyse können wir unserem Schicksal nicht entkommen. Für manche bedeutet dies ein Unheil, und sich von diesem Unheil zu lösen, ein selbstbestimmtes Leben zu leben, dazu kann Psychoanalyse einen Beitrag leisten. Aber auch Revolution ist unentrinnbar, bei Marx war sie sogar historisches Gesetz. Sie war das notwendige Resultat geschichtlicher Entwicklung. In diesem Sinne wirken beide aus der Zeit gefallen, obwohl ihrer beider Notwendigkeit ohne Zweifel anhält. Und was anachronistisch wirkt, ist manchmal einzig sinnvoll, das wusste schon der Schriftsteller und Kommunist Roland M. Schernikau:

> »Wie anachronistisch wirkt ein Zentralkomitee gegen die Weltbank, wie einzig sinnvoll aber auch.« (Schernikau 2009 [1990])

Ein Buch über Psychoanalyse und Revolution erscheint da nicht nur als erfreulicher Anachronismus, sein Wesen bleibt bedrückend aktuell.

Fiona Kalkstein
Berlin, im Februar 2023

Literatur

Decker, Oliver (2015): Narzisstische Plombe und sekundärer Autoritarismus, in: O. Decker, J. Kiess & E. Brähler (Hg.), *Rechtsextremismus der Mitte und sekundärer Autoritarismus* (S. 21–34). Gießen: Psychosozial.

Freud, Sigmund (2010 [1917]): *Vorlesungen zur Einführung in die Psychoanalyse 1916–1917. Gesammelte Werke XI.* Frankfurt/M.: Fischer.

Freud, Sigmund (2010 [1930]): Unbehagen in der Kultur. *Gesammelte Werke Band XIV* (S. 421–508). Frankfurt/M.: Fischer.

Fromm, Erich (1987 [1936]): Theoretische Entwürfe über Autorität und Familie, in: Max Horkheimer (Hg.), *Studien über Autorität und Familie. Forschungsberichte aus dem Institut für Sozialforschung* (S. 77–135). Lüneburg: Zu Klampen.

Horkheimer, Max (1987 [1936]) (Hg.): *Studien über Autorität und Familie. Forschungsberichte aus dem Institut für Sozialforschung.* Lüneburg: Zu Klampen.

Klein, Melanie, & Joan Riviere (1983 [1937]): *Seelische Urkonflikte. Liebe, Hass und Schuldgefühl.* Frankfurt/M.: Fischer.

MEW 19: Marx, Karl (1962): Kritik des Gothaer Programms, in: *Marx Engels Werke* (Bd. 19, S. 13–32). Berlin: Dietz.

MEW 25: Marx, Karl (1964): Das Kapital, Bd. 3, in: *Marx Engels Werke* (Bd. 25). Berlin: Dietz.

Schernikau, Ronald (1990): *Rede auf dem Kongress der Schriftsteller der DDR 1990.* Druckfassung in taz, 9.3.1990. Quelle: https://taz.de/und-ich-bin-Kommunist/!1777261/ [6.2.2023]

Wolf, Christa (1979): *Kindheitsmuster.* Berlin: Aufbau.

Vorwort

Dies ist ein Manifest für Befreiungsbewegungen, für eine bessere Welt. Es wendet sich an Einzelne und an Gruppen, die gegen die unterdrückende, ausbeuterische und entfremdende Realität unserer Zeit kämpfen. Es handelt von der Wechselbeziehung zwischen der elenden äußeren Wirklichkeit unseres heutigen Lebens und unserem »inneren« Leben, was man als unsere »Psychologie« bezeichnen kann; das, was sich anfühlt wie »tief in uns« und sich entweder allzu oft mit der Realität abfindet oder, wie wir hoffen, dagegen rebelliert. Wir müssen rebellieren, um der anderen wie um unserer selbst willen.

Manchmal fühlen wir, dass unsere eigene Rebellion nicht aus uns herauskommen, freigesetzt und in Handeln überführt werden kann. Es ist, als wäre sie etwas, das uns von innen her auffrisst, und das kann unserem Leben ernstlich schaden. Möglicherweise bekommen wir dann gesagt, dass wir eine psychische Funktionsstörung haben.

Viele Probleme werden auf die Ebene individueller Psychologie reduziert, durch die Gesellschaft, die Massenkultur und durch Fachleute, die darauf trainiert sind, genau das zu tun: Psycholog:innen, Psychiater:innen und andere Angehörige der »Psy«-Berufe. Die Probleme fühlen sich an, als seien sie »psychisch«. Aber das sind sie nicht. Wie können wir sie politisieren? Wie können wir »außen« gegen die Wurzeln dessen kämpfen, was wir »innen« fühlen?

Die Beziehung zwischen der persönlichen »inneren« und der gesellschaftlichen »äußeren« Welt ist entscheidend für Befreiungsbewegungen. Deshalb können diese Bewegungen von der Psychoanalyse profitieren. Ursprünglich als klinische Herangehensweise entwickelt, erfasst sie seit mehr als hundert Jahren die enge Verschränkung zwischen der Realität und dem, was wir tief in uns fühlen. Wir müssen das Wesen dieser Verschränkung mit Hilfe unterschiedlicher Herangehensweisen verstehen, inklusive jener der Psychoanalyse. Wir tun dies, um zu bekämpfen, was uns unterdrückt, ausbeutet und entfremdet, aber auch um eine praktische Alternative zu Kapitalismus, Sexismus, Rassismus und neuen Formen des Kolonialismus zu erschaffen.

Psychoanalyse

Was ist Psychoanalyse? Psychoanalyse ist eine therapeutische Praxis, die in Europa gegen Ende des 19. Jahrhunderts von Sigmund Freud als Alternative zu etablierten medizinisch-psychiatrischen Verfahren im Umgang mit Leidenserfahrungen entwickelt wurde. Anstatt die leidenden Menschen wegzusperren, sie grässlichen körperlichen Behandlungen zu unterziehen oder unter Medikamente zu setzen, treffen Psychoanalytiker:innen ihre Patient:innen, »Analysierende«[1] genannt, in ihrer Praxis. Aufgabe der Analytiker:innen ist es, diesen sprechenden Subjekten *zuzuhören* und einen besonderen, vertraulichen Raum bereitzustellen, in dem die Analysierenden über ihr Leiden sprechen und dabei hören können, wie in ihren eigenen Aussagen Verbindungen zwischen Vergangenheit und Gegenwart hergestellt werden, Verbindungen, die sie nie zuvor gehört haben.

Das klassische Bild in Filmen, in denen die Analysierenden in der Praxis auf der Couch liegen, ist zutreffend; eher irreführend ist dagegen die Darstellung der Psychoanalytiker:innen als Notizen machend und Diagnosen stellend und weise Ratschläge erteilend. Psychoanalyse öffnet den Analysierenden als sprechenden Subjekten einen Raum, um perspektivisch neue Interpretationen zu finden, die ihnen schlagartig als wahr einleuchten und in der Folge als Antrieb für »Begreifen« und

1 Anm. d. Ü.: Den im englischen Originaltext verwendeten Begriff »analysand« habe ich durchgängig als (der oder die) »Analysierende« übersetzt. Es wird später im Text deutlich werden, wie diese Übersetzung mit dem Anliegen der Autoren in Einklang steht. Ich folge damit weiterhin dem Vorschlag von Rolf Nemitz, der auf seiner Internetseite eine instruktive Erklärung für das zugrunde liegende Übersetzungsproblem liefert, siehe: https://lacan-entziffern.de/uebersetzungsfragen/analysant.

Veränderung dienen. Psychoanalyse kann die Analysierenden dazu befähigen, schlicht das »Symptom« zu behandeln, das sie zur Psychoanalyse gebracht hat – oder sie kann lebensverändernd wirken. Wir sind in diesem Manifest bescheiden in unseren Postulaten über Psychoanalyse, aber wir glauben, sie ist eine fortschrittliche therapeutische Alternative zu Psychiatrie und Psychologie, und wir werden erklären, warum.

In den folgenden Kapiteln beschreiben wir wesentliche Elemente der Psychoanalyse. Dabei legen wir den Fokus auf den Begriff des *Unbewussten* und zeigen, wie unser Leben Muster unbewusst wiederholt, die dann in der psychoanalytischen Praxis ebenfalls wiederholt werden. Wir zeigen, wie diese *Wiederholung* von manchmal selbstzerstörerischen und schmerzvollen Mustern Ausdruck eines *Triebes* ist, der dem Leben oder dem Tod dienen kann, und wie diese Wiederholung durch die Psychoanalytiker:innen als *Übertragung* behandelt wird. Wir bestehen auf der klinischen Fundierung dieser vier Elemente, weil Psychoanalyse als eine klinische Methode entstand und sich entwickelte, und nicht etwa, weil wir die psychoanalytische Behandlung propagieren oder unseren Leser:innen empfehlen wollen. Unser Anliegen ist vielmehr, aufzuzeigen, was wir an der Psychoanalyse als potenziell revolutionär ansehen und inwiefern sie Befreiungsbewegungen in ihren gegenwärtigen Kämpfen dienen kann.

Unser Interesse gilt hier der fortschrittlichen und revolutionären politischen Schlagkraft der Psychoanalyse und nicht der Verbreitung psychoanalytischer Theorie oder klinischer Praxis, wenngleich wir den Konnex zwischen psychoanalytischer Praxis als potenziell fortschrittlichem Raum und politischer Praxis diskutieren. Dieses Manifest ist keine weitere Einführung in die Psychoanalyse unter vielen anderen, sondern ein Argument für die Verbindung von Psychoanalyse und Revolution. Unsere Leser:innen können bei Bedarf in anderen Einführungstexten mehr über die Methode und die Theorie nachlesen, allerdings mit unserer Warnung im Hinterkopf, inwiefern die Psychoanalyse angepasst und entstellt wurde.

Eine andere Welt ist möglich, und Psychoanalyse ist eins der wertvollen Werkzeuge, die wir jetzt brauchen, um sie zu verwirklichen. Psychoanalyse als ein solches Werkzeug zu benutzen bedeutet nicht, psychoanalytische Ideologie in unsere Kampfformen einzuführen oder davon auszugehen, dass sie uns für immer erhalten bleiben wird. Psychoanalyse entstand in einer bestimmten Form, die wir für uns arbeiten lassen können, und sie wird verschwinden, wenn ihre Arbeit getan ist.

Unsere Aufgabe in diesem Manifest besteht darin, Psychoanalyse als authentische »kritische Psychologie« und als effektive Ressource für Befreiungsbewegungen wiederherzustellen. Ihr werdet sehen, dass wir Psychologie als solcher wie sämtlichen Psy-Berufen äußerst kritisch gegenüberstehen. Ein dialektisches Verständnis von Psychoanalyse, das ihre Fehler anerkennt und ihre Stärken hervorhebt, bringt uns sehr viel weiter als diese anderen Ansätze.

Wir sind überzeugt, dass die Psychoanalyse sich selbst kritisieren und umgestalten muss, um für Befreiungsbewegungen von Nutzen zu sein. Eingedenk der spezifischen Bedarfe dieser Bewegungen untersuchen wir hier die Rolle des Unbewussten, der Wiederholung, des Triebes und der Übertragung in psychoanalytischer und politischer Analyse und Praxis, um Fragen zu subjektiver Veränderung und Umgestaltung der Realität anzugehen. Zwar klammern wir theoretische Fragen nicht aus, trotzdem ist *Praxis* der Schlüssel, und was wir von der Praxis der Psychoanalyse lernen können, verbindet sich mit der Praxis der Befreiung.

Revolution

Das Ziel der Befreiung, wie es antikapitalistische, antipatriarchale, antirassistische und antikoloniale Bewegungen anstreben, wird jederzeit den Horizont dieses Manifests bilden. Die folgenden Seiten sind für die Befreiungsbewegungen bestimmt und wurden mit Blick auf sie geschrieben. Diese Bewegungen wenden sich gegen Ausbeutung und Unterdrückung, und wir sind ihnen solidarisch verbunden. Unsere Psychoanalyse ist auch auf das ›Negative‹ eingestimmt, auf das, was ›anti‹ ist, jenes in uns, das uns zu rebellieren ermöglicht. Und wie diese politischen Bewegungen, so erschließt auch unsere Psychoanalyse etwas Positives in der Natur der menschlichen Subjekte; die Fähigkeit, Bilanz zu ziehen und zu reflektieren und die Welt zu verändern, so dass sie tauglicher wird für Kreativität und Transformation.

Dieses Manifest wurde in einer Zeit tiefer politisch-ökonomischer Krise verfasst, in der die symbolische Welt[2], die wir als menschliche Wesen allesamt bewohnen, in Unruhe und erschüttert ist. Und die zukünftigen Welten, die aufzubauen wir uns vorstellen können, sind behindert und bedroht durch mysteriöse real-materielle Kräfte, die komplett außerhalb unserer Kontrolle wirken. Das unergründliche biologische Substrat unseres Seins, unsere unbegreifliche Natur, bricht in Zeiten wie diesen in unser symbolisches Universum ein. Und wenn es das tut, verschärft es die gesellschaftlichen Widersprüche, denen wir unterworfen sind, Widersprüche, die wir begreifen und überwinden müssen, wenn wir standhalten und überleben wollen. Im Angesicht einer solchen Gefahr sind wir schwächer, wenn wir gespalten sind.

Ein tödlicher Virus zum Beispiel ist eine Bedrohung für uns alle auf dieser Welt, aber sein Auftreten zeigt sehr deutlich, dass wir nicht alle in gleicher Weise davon betroffen sind. Jene in den sogenannten »Entwicklungsländern« leiden stärker, jene, die schon unter Rassismus leiden, sterben in größerer Zahl, und in ihre Wohnung gesperrte Frauen, sofern sie eine haben, sind stärker von Gewalt bedroht. Jede unterdrückte Gruppe, alle durch diese Gesellschaft Behinderten und die, die die Gesellschaft bereits geschwächt, bereits krank gemacht hat, sterben mit höherer Wahrscheinlichkeit.

2 Die »symbolische Welt« ist die Welt, die wir gemeinsam mit Bedeutung versehen. Sie ist bedeutungsvoll und gleichzeitig kryptisch, nur unvollständig begriffen und widersprüchlich, strukturiert und uns nicht völlig bewusst.

Dieses Manifest wurde während des Lockdowns geschrieben, hin- und hergeschickt zwischen uns Autoren und unter Einbeziehung von Genoss:innen weltweit. Es beinhaltet einige Ideen, die oft als »kompliziert« gelten und deshalb vermieden werden. Diese Ideen lassen sich nicht leicht in die lockere Erzählform populärer Texte überführen, und ihr werdet erleben, wie wir um zentrale Ideen kreisen, um sie klarer zu machen. Wir wiederholen zentrale Aussagen in leicht veränderter Form an verschiedenen Stellen im Text, um sie nochmals klarer zu machen. Jede Sprache ist eine Form von Übersetzung, und wir wollen jetzt, dass ihr sie in die Praxis zurückübersetzt.

Der größte Teil der Menschheit ist durch den »Katastrophen-Kapitalismus« gefährdet, den neoliberale Kapitalisten favorisieren, weil er sie favorisiert. Diese Form des Kapitalismus kann genau wie seine Vorgänger, jedoch in höherem Maße, nicht ohne selbst herbeigeführte Krisen funktionieren. Für die Profiteure ist jeder Grund willkommen, um in den Krisenmodus zu gehen.

Eine Krise, die aus der Realität hervorbricht, ist in der Tat erschreckend, sie erschreckt uns bis ins Mark. Und es ist die Psychoanalyse, die die enge Verbindung zwischen dieser Realität, unseren Versuchen zu ermessen, was uns widerfährt, und dem gemeinsamen symbolischen Universum am besten erfassen kann. Eine Einsicht in diese Verbindung verlangt nach einer Ideologiekritik, die mit unseren Erfahrungen verknüpft sein muss, mit dem, was wir als Subjekte erleiden, so dass wir im Verändern der Realität handlungsfähiger werden. Es ist eine Aufgabe für die Psychoanalyse, aber es muss eine kollektive politische Arbeit sein und keine individuelle psychologische.

Unsere Individualität und ihre Psychologie sind Teile des Problems. Wir müssen sie infrage stellen. Wir brauchen eine spezielle Art der Psychologiekritik, eine »kritische Psychologie«, die psychoanalytisch ist. Wir brauchen jetzt Psychoanalyse.

1. Einführung: Elend, Dialektik und Befreiung

Was sagen uns *Symptome* über eine kranke Gesellschaft, die sie verstärkt und in manchen Fällen erzeugt? Alle, die unter Druck arbeiten – in der Fabrik, im Büro, im Geschäft, auf dem Feld, auf der Straße oder im Haushalt –, brauchen an irgendeinem Punkt ihres Lebens praktische und emotionale Unterstützung, und umso mehr die Aktivist:innen, die für eine Veränderung der Welt kämpfen. Aktivismus in Befreiungsbewegungen ist für die Menschen oft eine harte Prüfung: Sie müssen mit ihrer Vergangenheit brechen, die ihnen zugewiesenen Rollen verlassen, ihrer Umgebung entgegentreten, sich hinterfragen, sich von ihren früheren Identitäten lösen und abschütteln, was sie an ihrem Platz hält, ihre Privilegien aufgeben, die dazu verlocken, an dem festzuhalten, was sie schon haben.

In manchen Fällen sind unsere Privilegien immens, wie bei dem einen Prozent der Superreichen. Aber oft sind die Privilegien, die uns voneinander trennen, überraschend klein. Es ist erstaunlich, dass sie uns so wichtig sein können, obwohl sie so unbedeutend sind. Ihr Zugriff ist materiell, aber auch »psychologisch«, etwas, das Psychoanalyse versteht und verändern kann.

Wir müssen unsere psychologischen Fesseln lösen, wenn wir verstehen wollen, was wir als Arbeiter:innen unterschiedlichster Art sind. So groß die Unterschiede zwischen uns auch sein mögen, was uns vereint ist die Arbeit, die wir verrichten, um zu leben. Das müssen wir begreifen, damit wir uns zusammenschließen und die Welt gewinnen können. Wir werden die Welt weiterhin verlieren, bis hin zum kompletten Verlust, solange wir gefangen bleiben in dem, was wir als Individuen zu sein gezwungen wurden, oder in Identitätskategorien, die an uns tradiert wurden.

Wir alle müssen nicht nur uns selbst befreien, sondern auch von uns selbst befreit werden, von dem individuellen Selbst, das in einer traurigen Welt Zuflucht bietet, in dem wir aber gleichzeitig eingesperrt sind. Dieser Prozess verursacht innere

Brüche bis hin zu Formen von Trauma, die bedacht, untersucht und behandelt werden können. Es ist nicht möglich, sie vollständig aufzulösen, aber sie lassen sich verstehen und transformieren mittels der psychoanalytischen Theorie und Praxis des Wiener Arztes Sigmund Freud – einer Theorie und Praxis, die von seinen Schüler:innen und Anhänger:innen über die letzten hundert Jahre verfeinert und weiterentwickelt wurde.

Die Geschichte des freudschen Vermächtnisses ist die einer einzigartigen, beispiellosen Behandlung innerer Brüche moderner Subjektivität. Es ist auch die Geschichte eines komplexen, ambivalenten und widersprüchlichen Verhältnisses zu Befreiung als ultimativem Ziel. Diese Geschichte beinhaltet Fortschritte, Abwege, Umwege und Rückschläge. Freud war ein Kind seiner Zeit, von Anfang an geprägt durch sexistische und rassistische Ideologie und durch seine eigene psychiatrische Ausbildung, aber er löste sich von herrschenden Ideen über Psychologie und die menschliche Natur, um einer potenziell fortschrittlicheren »kritischen Psychologie« den Weg zu bereiten.

Freud bezog sich kritisch, ja skeptisch auf den Bereich des Psychologischen. Er akzeptierte es nicht als etwas Gegebenes, Reales und vollkommen Greifbares, als objektiven Wissensgegenstand. Ebenso wenig betrachtete er es als etwas Einheitliches, das sich stets gleich bliebe und in allen Personen gleich wäre. All das erlaubte ihm wertvolle Einsichten in die geschichtliche Natur menschlichen Leids, in den dialektischen Prozess, durch den wir dieses Leid als etwas in *Symptomen* Verdichtetes erkennen können, und in die Beziehung zwischen Begreifen und Befreiung.

Symptome des Leids als geschichtliche Phänomene

Freud verstand das, was aussah wie medizinische Symptome, die Menschen in ihrem Griff halten, psychologisch als »Symptome« ganz anderer Art. Diese »Symptome« waren nicht länger medizinisch zu erklären oder zu behandeln. Sie verlangten nach gänzlich anderen theoretischen und praktischen Zugängen. Obwohl Freud eine traditionelle Ausbildung als Neurologe hatte, entwickelte er die Psychoanalyse in völligem Bruch mit medizinischer Psychiatrie und den Arten von Psychologie, die das Leiden mit eher mechanistischen medizinischen Modellen behandeln. Wie wir sehen werden, betrachtet die Psychoanalyse »Symptome« nicht bloß als sichtbare Zeichen. Vielmehr entsprechen sie Worten, die nach Gehör verlangen, die *sprechen.* Diese Symptome sprechen von Leid und Widerstand, und sie eröffnen Möglichkeiten für Veränderung.

Symptome so zu behandeln, wie die Psychoanalyse es tut, indem ihnen zugehört wird, sie ernst genommen werden und entsprechend gehandelt wird, kann die Welt verändern. Transformatives, subversives und potenziell revolutionäres politisches Handeln kann aus dem symptomatischen Sprechen über unser Leiden entspringen; wenn wir darüber sprechen, was nicht weitergehen kann wie bisher, was sich ändern muss. Deshalb wählen wir solche Symptome als Ausgangspunkt für dieses Manifest.

Unser besonderes Augenmerk liegt auf der psychoanalytischen Verbindung von Sprechen und Handeln, politischem Handeln, das die fundamentalsten gesellschaftlichen Gründe unseres Leidens anzugehen und zu überwinden versucht. Der Druck und die inneren Brüche, unter denen wir leiden, geben Zeugnis von der spezifischen Art des Leidens in dieser elenden Gesellschaft, die wir so sehr verändert sehen wollen. Und die Psychoanalyse ist eine potenziell machtvolle Verbündete in diesem Prozess.

Unsere Aufgabe ist es, gesellschaftliche Kämpfe mit jenen unvermeidlichen inneren Kämpfen zu verknüpfen, die durch psychoanalytische Theorie beschrieben werden. Die praktische Absicht dahinter ist nicht das übliche therapeutische Ziel der Befriedung und inneren Aussöhnung mit uns selbst und mit der Gesellschaft, sondern das radikale politische Ziel, zur Wurzel unserer inneren Kämpfe vorzudringen. Das unterscheidet die Psychoanalyse, die uns hier interessiert, deutlich von jeder psychoanalytisch inspirierten und auf Anpassung ausgerichteten individuellen Therapie.

Psychoanalyse, eine Theorie unseres zerrissenen, gespaltenen »inneren seelischen Lebens«, hat sich oft mit der Macht verbündet. Eigentlich jedoch stellt sie eine klinische und politische Kritik des Leidens dar. Man braucht vor ihr keine Angst zu haben. Sie wurde nicht dazu erdacht, uns zu unterwerfen, indem sie unsere Existenz an die bestehende Ordnung anpasst, uns an unseren auf Veränderung zielenden Idealen zweifeln lässt, uns von unseren kollektiven Kämpfen abbringt, uns in unseren vereinzelten Seelen einsperrt oder unseren inneren Widerstand gegen Herrschaft blockiert.

Was Freud uns hinterlassen hat, ist kein Instrument der Vereinzelung, Resignation und Unterwerfung. Es stimmt, dass Psychoanalyse manchmal diese Funktion hat, so wie jedes professionelle Herangehen an unser psychisches Leben. Das kann nicht überraschen in einer Klassengesellschaft, die professionelle Heiler:innen vom Rest der Menschen trennt und ihnen eine spezielle, mit Macht verbundene Funktion zuweist.

Psychoanalyse lehrt uns zudem, dass alle professionellen Heiler:innen, seien sie Mediziner:innen, Psychiater:innen oder nicht-klinische Psycholog:innen oder Psychotherapeut:innen, ebenfalls zerrissen, gespalten sind durch ihr widersprüchliches Leben. Sie mögen einer erfolgreichen Karriere nacheifern, aber von Zeit zu Zeit erinnern sie sich, was sie ursprünglich zu einer Ausbildung brachte, die darauf zielt, für andere zu sorgen. Wir alle leben mit diesen Spannungen, kommen auf die eine oder andere Weise mit ihnen zurande und überdecken sie üblicherweise. Die Kernfrage ist, wie wir mit diesen Konflikten und Widersprüchen umgehen, ob wir sie für uns oder gegen uns arbeiten lassen.

Die Psychoanalyse wurde in reaktionärer Weise benutzt, aber sie ist an sich nicht reaktionär. Sie ist nicht notwendigerweise ein Herrschaftsinstrument. Im Gegenteil kann sie eine Waffe gegen Herrschaft sein. Es ist möglich, sie zu nutzen, um zu zeigen, wie unsere Psyche durch die Realität, diese elende

Realität des Lebens im Kapitalismus, kolonisiert wird und wie wir gegen diese vereinzelte Psyche sprechen und handeln können, während wir unsere eigene Befreiung betreiben.

Wir sind mehr als das, von dem die Psy-Profis uns einreden, es sei unsere »Psychologie«. Wir sind nicht dazu verdammt, uns innerhalb unserer Individualität einzuschließen oder die Realität, ihr Elend, das kapitalistische System auszuhalten. Uns wird gesagt, wir könnten daran nichts ändern, aber das können wir sehr wohl. Und wir brauchen eine Herangehensweise, die auf der Möglichkeit für Veränderung aufbaut.

Anpassung

Die Psychoanalyse – zu Beginn des 20. Jahrhunderts als kritische psychologische Herangehensweise an Leiden und als tiefgreifende Therapie entwickelt – war einst explizit mit der politischen Linken verbündet. Mittlerweile wird sie oft als Mittel zur *Anpassung* benutzt. Die meisten Psychoanalytiker:innen waren Mitglieder oder Unterstützer:innen der kommunistischen oder sozialistischen Bewegungen, bevor ihre eigenen Organisationen durch den Faschismus in Europa zerstört wurden und sie in verschiedene Teile der Welt flohen. Diese Psychoanalytiker:innen fühlten sich der Veränderung der Welt verpflichtet, weil sie sehen und von ihren Patient:innen hören konnten, welches Leiden in der Welt war.

Die »Symptome«, denen die ersten Psychoanalytiker:innen zuhörten, waren keine bloßen Hinweise auf medizinische, organische Probleme. Sie wiesen auf Konflikte hin, die nicht rein persönlich waren, sondern ideologisch, politisch und historisch. Die Symptome selbst waren verdichtete Konflikte, ausgedrückt durch an andere gerichtete Sprache. Dies ist die Art Symptom, dem die Psychoanalyse zuzuhören versteht.

Viele Psychoanalytiker:innen verloren die Kunst des Zuhörens. An die Stelle des Zuhörens trat manchmal ein verdinglichender, klassifizierender Blick. Psychoanalyse entwickelte sich allmählich zu einem medizinischen oder psychologischen

Spezialfach. Sie wurde zu einer bloßen »Technik«, vorgeblich wissenschaftlich und bewusst entpolitisiert.

Angesichts der feindseligen Bedingungen in ihren Zufluchtsländern mussten selbst die ersten Psychoanalytiker:innen auf politische Militanz verzichten und sich gegen die Kommunistenverfolgung schützen, die für die westlichen Staaten während des Zweiten Weltkriegs und dann während des Kalten Krieges typisch war. Sie gaben vor, unpolitisch zu sein, und passten sich damit der neuen Realität an; und sie entpolitisierten die Psychoanalyse und passten sie an, machten sie zu einer Behandlung zum Zweck der Anpassung. Diese Veränderung ist entscheidend für die Geschichte der Psychoanalyse als klinischer Behandlungsmethode und für den Platz, den sie in der Popularkultur einnimmt.

Die Art Konflikte, die aus den Symptomen sprachen, betrachtete man fortan als auf der persönlichen Ebene zu lösen und hielt Politik aus der Praxis heraus. Wenn psychoanalytische Ideen dann fälschlich auf Gesellschaft »angewandt« wurden, diente diese eingeschränkte, angepasste Psychoanalyse als Modell dafür, wie Gesellschaft funktioniere und wie jegliche Gesellschaft aussehen könnte.

In diesen düsteren Zeiten – und es waren düstere Zeiten für die Psychoanalytiker:innen wie für diejenigen, die sie behandelten – schien es beinahe so, als wäre die radikale Geschichte von Freuds bahnbrechender Theorie und Praxis gestorben. Einige Analytiker:innen mühten sich weiterzumachen, und einige Sozialwissenschaftler:innen versuchten die Psychoanalyse zu benutzen, um die tieferliegenden historischen Bedingungen zu begreifen, die dazu geführt hatten, dass sie ihre eigene Vergangenheit vergessen hatte. Auf die eine oder andere Weise erkannten sie fast alle, dass die Psychoanalyse klein beigegeben hatte, dass sie es zugelassen hatte, integriert und gezähmt zu werden, sich anpasste und anpassend wurde. Wir müssen die Psychoanalyse jetzt von dieser geschichtlichen Verflechtung mit Anpassung befreien, ihren radikalen authentischen historischen Kern ernst nehmen und zu neuem Leben erwecken.

Die herrschende konservative Version der Psychoanalyse verzichtet auf deren transformatives Potenzial und ist daher abzulehnen. Sie ermöglicht uns nicht, uns zu verändern, sondern lediglich, uns anzupassen und so die momentane Realität zu akzeptieren und aufrechtzuerhalten, egal wie unterdrückend, ausbeuterisch und entfremdend sie sein mag. Obwohl Kapitalismus unfair und unerträglich ist, passen wir uns darin ein, als wäre er unser natürlicher Lebensraum und nicht eine historische und daher veränderbare Gegebenheit.

Das Problem mit der anpassenden Psychoanalyse ist nicht allein, dass sie die Ordnung der Dinge als natürlich erscheinen lässt statt als geschichtlich. Sie lässt uns auch die Welt als eine äußere, von uns selbst getrennte »Umgebung« wahrnehmen. Das hindert uns zu erkennen, dass wir Teil der Welt sind, dass wir in und von dieser Welt sind und sie verändern können, indem wir uns selbst verändern, aber auch uns selbst verändern können, indem wir die Welt verändern. Wir sind Teil der ökologisch verknüpften Natur dieser Welt und miteinander verknüpft, verantwortlich füreinander als Ausgebeutete und Unterdrückte und als Genoss:innen im Kampf. Die Welt und andere Menschen in ihr sind nicht einfach eine »Umgebung«; sie sind mehr als das, sie sind ein intimer Teil unseres Selbst.

Jede Befreiungsbewegung lernt irgendwann, dass es einen entscheidenden Unterschied zwischen einer »Umgebung« und einer »Ökologie« gibt. Dieser Unterschied wird offensichtlich, sobald sie ihre Kämpfe mit einem ökosozialistischen Verständnis unserer Welt verbindet. Sprechen wir von einer »Umgebung«, dann sprechen wir von der Welt als etwas von uns Getrenntem, an das wir uns anzupassen lernen oder das wir zu beherrschen versuchen. »Ökologie« hingegen bezeichnet unsere enge Verknüpfung mit der Welt. Unsere Leben sind in Netzwerken der Solidarität und des politischen Bewusstseins auf derart ökologische Weise verbunden, dass wir den Schmerz der anderen im Kampf spüren und wissen, dass wir diese Welt nur schlimmer machen, wenn wir versuchen, andere zu beherrschen und auszubeuten, seien es

Mitmenschen oder andere fühlende Wesen. Dieses ökologische Bewusstsein unserer Verbindung mit anderen ist das Herzstück der Psychoanalyse.

In der Auffassung der Psychoanalyse sind Individuen nicht wirklich allein, isoliert und voneinander getrennt. Wir sind Teil des Lebens von anderen, und unsere Handlungen und Worte können fatale Konsequenzen für sie haben. Irgendwie wissen wir, dass wir für sie genauso verantwortlich sind wie für uns selbst. Unsere Verbindungen sind nicht nur »äußerliche«. Die anderen sind nicht nur »außen«, um uns herum, sondern auch »innen«, in jeder:jedem Einzelnen von uns, in dem, was wir denken, sagen und tun. In unseren Gesten sind Spuren von anderen, ebenso in unseren Worten und Gedanken, und da sind auch Echos anderer Stimmen. Vergangene Beziehungen mit anderen tauchen nicht nur in gegenwärtigen Beziehungen wieder auf, sondern sind in uns eingebunden und machen uns zu denen, die wir sind. Die Verfasstheit des Individuums ist gesellschaftlich und kulturell, aber auch geschichtlich und damit permanent in Umgestaltung begriffen.

So wie die Bedingungen der Ausbeutung, Unterdrückung und Entfremdung, denen wir uns gegenübersehen, geschichtlich hergestellt sind und daher von uns beendet werden können, sind auch die seltsam entfremdeten Arten der Psychologie Produkte der Geschichte und somit veränderbar. Dies gilt den Behauptungen der meisten Psychiater:innen, Psycholog:innen und Psychotherapeut:innen zum Trotz, sie würden mit allgemeingültigen, unveränderlichen, wesentlichen Eigenschaften des psychischen Lebens arbeiten. In Wirklichkeit geht es in ihrer Arbeit um extrem variable Faktoren, die bestimmt sind durch Kultur, den historischen Moment und bestehende gesellschaftliche Verhältnisse.

Im Verbund mit den meisten Psy-Profis verdrehen konservative, anpassende Psychoanalytiker:innen die sich geschichtlich ständig ändernde Natur menschlicher Existenz in etwas Festgelegtes. Das ist umso merkwürdiger und reaktionärer in der heutigen Gesellschaft, in der alles sich so schnell verändert, in der es tatsächlich scheint, als würde alles Ständische und Stehende verdampfen. Wir selbst sind zur Flexibilität gezwungen und wir lernen, jeden Moment auf andere Weise zu existieren, aber die Psy-Profis fixieren unsere Existenz, als wäre sie ein Objekt, wenn sie sie studieren und zu behandeln versuchen. Damit verraten sie das, was an unserer menschlichen Natur höchst radikal und transformativ ist.

In ihrer Vorstellung ist die menschliche Natur nicht viel mehr als eine komplizierte Maschine. Das entspricht dem rohen Tier als einem rein instinktgeleiteten Mechanismus, wie es nur in der Einbildung menschlicher Wesen existierte, die sich im Vergleich zu ihm überlegen fühlten. Wer hätte gedacht, dass dieselben menschlichen Wesen am Ende mit ihrer eigenen abwertenden Darstellung des Tiers verwechselt würden? Es scheint, dass die alte Abwertung des Tiers gegenüber dem Menschen dazu diente, uns vorzubereiten für die heutige Abwertung des Menschen in der Psychologie und anderen Fachgebieten des Psy-Komplexes, einschließlich konservativer Psychoanalyse.

Radikale Psychoanalyse dagegen lehrt uns, dass es in der Natur menschlicher Wesen liegt, über ihre gesellschaftlichen Bedingungen nachzudenken, und dass wir alle fortwährend versuchen, diese Bedingungen und uns selbst zu verändern. Wir versuchen es und scheitern. Neben der radikalen politischen Praxis ist es die radikale Psychoanalyse, die uns zeigt, warum wir scheitern und wie uns die herrschenden Ideale der Gesellschaft und die einzigartige Biografie einer jeden Person auf der Stelle treten lassen. Wir können die historischen Bedingungen, die uns zu denen machen, die wir sind, nicht einfach wegwünschen. Ebenso wenig, wie wir die inneren Hemmnisse wegwünschen können, die uns an unsere Unterdrückung binden, uns dazu bringen, Unterdrückung zu begehren, während wir sie gleichzeitig ablehnen und ihr zu entfliehen versuchen. Mag sein, dass wir uns von unserem Begehren nach Unterdrückung niemals vollständig befreien können, aber wir können uns seiner bewusst sein, es wahrnehmen, wenn es sich einmischt, hervorbricht, uns behindert, und dieses Wissen kann ein erster Schritt zu unserer Befreiung sein.

Unterdrückung zu begehren ist eine höchst seltsame Sache, eine der schmerzhaften Paradoxien der Subjektivität. Am einfachsten ist es, so zu tun, als wäre da kein Paradox. Aber früher oder später stolpern wir darüber, und das kann uns in unseren Befreiungskämpfen schaden. Indem wir unser Begehren befriedigen, werden wir am Ende vielleicht neue Unterdrückungsformen entwickeln, die jene ersetzen, von denen wir uns befreien. Um dies zu verhindern, müssen wir ernst nehmen, was uns an unseren Ausgangspunkt zurückwirft, was uns bremst und zurückzerrt. All dies müssen wir ernst nehmen, nicht etwa zwecks Schuldzuweisung an das Opfer dieses Prozesses, als wäre der schlicht psychologisch und unausweichlich, sondern um unser aller widersprüchliche Natur als menschliche Wesen in dieser erbärmlichen Welt zu verstehen.

Geschichte

Wie der Marxismus und andere Theorien über Macht und Befreiung entstand auch die Psychoanalyse in einer spezifischen geschichtlichen Periode, um eine Reihe von historisch erzeugten Problemen in Begriffe zu fassen, zu verstehen und zu lösen. Wir müssen die *Geschichte* der Psychoanalyse in der Geschichte selbst begreifen und sie uns aneignen. Außerhalb des historischen Kontexts der letzten beiden Jahrhunderte würde die Psychoanalyse nicht den gleichen Sinn für uns ergeben. Ein solcher Sinnverlust beträfe auch den Marxismus, wenn wir ihn in eine andere geschichtliche Epoche versetzen würden.

Es ist schwer vorstellbar, was Sklav:innen im Römischen Reich, die ihren Gebietern entfliehen wollten, beispielsweise mit der marxistischen Analyse des »Mehrwerts« angefangen hätten, jenes verdeckten Teils, um den die Kapitalist:innen die Arbeiter:innen bringen, oder mit Versuchen, revolutionäre Parteien und internationale Bündnisse zu gründen.

Das Proletariat in der Form industrieller Lohnarbeiter:innen existierte zu Zeiten des Spartakus nicht. Sich aus Sklaverei zu befreien war nicht das Gleiche wie die Befreiung von der Ausbeutung durch Lohnarbeit. Darum konnte der Marxismus erst nützlich werden, als der Kapitalismus als beherrschende Produktionsweise in die Welt kam. Entsprechend bedingte die Herausbildung der Kolonialstaaten und des Imperialismus die Notwendigkeit für antikoloniale und antiimperialistische Bewegungen. Jede politische Bewegung entstand im Kampf gegen bestimmte ausbeuterische und unterdrückerische Verhältnisse.

Im Fall der Psychoanalyse sind die »Symptome« des Leidens, für deren Verständnis und Behandlung sie erfunden wurde, charakteristisch für die moderne Gesellschaft. Diese Symptome sind genauso geschichtlich wie die spezifische eigentümliche freudsche Darstellung der Psyche. Was »unbewusst« ist, ist stark an die besondere Form der Entfremdung geknüpft, unter der wir in der kapitalistischen Moderne leiden.

Im Kapitalismus produziert die Entfremdung »innere« Konflikte, die als solche unsichtbar sein können, deren Auswirkungen jedoch bekannt sind, das, was sie in den Menschen auslösen oder anregen, z. B. ihr unerklärliches Leiden, das Durcheinander ihres Lebens, ihre absurden Entscheidungen oder ihr zielloses, manchmal zerstörerisches oder selbstzerstörerisches Handeln. All das ist offenkundig in heutigen Arbeitserfahrungen. Menschen sind dergestalt in ihr Leben als Arbeiter:innen gesperrt, dass sie die stets gleichen Tätigkeiten wiederholen, und ihre Lebens-Erfahrungen sind dann in einer bestimmten, sich wiederholenden Weise strukturiert, die außerhalb ihrer Kontrolle liegt.

Arbeiter:innen, alle, die heutzutage arbeiten, werden dazu aus wirtschaftlichen Zwängen getrieben. Diese Zwänge sind durch die kapitalistische Wirtschaft strukturiert, aber sie werden als ›Triebe‹ erlebt, als jene Anforderungen, die wir erfüllen müssen, um produktiv zu arbeiten und unser Überleben zu sichern. Kapitalistische Herrschaft formt die Machtbeziehungen, die uns aneinanderbinden, aber diese Beziehungen wiederholen auch frühere Machtbeziehungen, so dass Wiederholung unbewusst angetrieben wird und dann in der psychoanalytischen Sitzung als sogenannte »Übertragung« wiederauftritt. Wir werden auf alle diese Fragen im Verlauf unseres Manifests eingehen und zeigen, dass die Psychoanalyse Symptome in ihrem Wesen als Zeichen von Leiden in dieser Gesellschaft versteht.

Symptome wurden auf eine Weise erzeugt, dass die Psychoanalyse, eine geschichtliche Erfindung, sie zu lesen geeignet ist und uns hilft, sie als das zu sehen, was sie sind: persönliche Lebenskonflikte und Ausdruck gesellschaftlicher Konflikte. Eine bestimmte Gesellschaft und eine einzelne Person in dieser Gesellschaft offenbaren Probleme in einer symptomatischen Weise. Symptome sind Anzeichen dafür, dass etwas nicht stimmt, sie sind Mitteilungen darüber, wie Leiden in jedem einzelnen Subjekt aufscheint.

Subjekte

In diesem Manifest bezeichnen wir menschliche Wesen als *»Subjekte«,* da »Individuum« ein zu begrenzter Begriff ist, der unterstellt, unsere Subjektivität sei ungeteilt, vereinzelt, isoliert, der Gesellschaft entgegengesetzt und in ihrer Individualität gefangen. Ein »Subjekt« ist mehr als das Individuum, es umfasst andere Menschen, es ist offen und durchzogen von der gesellschaftlichen Welt, bewohnt und gespalten durch das Außen als seinem ökologischen Daseinsraum. Das Subjekt befindet sich im Widerspruch mit sich selbst, und aus diesem Grund kann es die Quelle von Handlungsfähigkeit und Veränderung sein, sei es auf der Ebene einer Einzelperson oder der eines kollektiven politischen Prozesses.

Das Subjekt kann geschichtlicher Akteur sein, aber auch Opfer und Produkt der Geschichte. Ereignisse betreffen und determinieren uns auf unterschiedliche Weisen, denen wir uns nunmehr durch Psychoanalyse nähern können. Psychoanalytisches Denken ist eins der machtvollsten Mittel, die uns zur Verfügung stehen, um unsere Erfahrungen in der heutigen Zeit zu verstehen und zu verändern. Was uns als Subjekten in der Spätmoderne, zwischen dem 19. und 20. Jahrhundert, widerfuhr, bekam mit der Entwicklung der freudschen Theorie plötzlich eine radikal neue Bedeutung. Medizinische Bezeichnungen für unser Leiden wurden erfunden, und gleichzeitig wurde die Psychoanalyse erfunden, um mit ihnen umzugehen, sich aufzulehnen gegen das, was sie bedeuteten, dieses Leiden zu transformieren.

Die Psychoanalyse ist noch immer eins der besten Mittel, um das Wesen unserer gegenwärtigen Leidenssymptome im Leben unter dem fortgeschrittenen, neoliberalen Kapitalismus mit seinen zugehörigen Formen von Sexismus, Rassismus und Kolonialismus zu begreifen. Die psychoanalytischen Symptome, die unbewusst wirken und sich dann verzerrt in den sichtbaren Symptomen ausdrücken, wie sie Ärzt:innen und Psycholog:innen beobachten, stehen in tieferem Zusammenhang mit unseren individuellen Biografien und derzeitigen Lebensbedingungen. Symptome sind geschichtliche Phänomene in diesem Doppelsinn; sie entstehen in der persönlichen Geschichte eines jeden Menschen, und ihre allgemeine Form ist durch die Art der Gesellschaft geprägt, in der wir leben und die wir uns zu erklären versuchen.

Unsere Vergangenheit und unsere Welt suchen uns heim, machen uns krank und lassen uns leiden. Dies ist unabhängig davon, ob wir total betört sind von Ideologie und glauben, dies sei die beste aller Welten, kein Grund zur Sorge, oder ob wir Aktivist:innen sind, die wissen, dass es schlecht steht und Veränderung nottut. Konflikte und Widersprüchlichkeit quälen uns alle und reichen tief in uns hinein, wühlen sich ihren Weg durch uns hindurch, reißen uns auseinander und erscheinen dann als leidvolle und scheinbar unerklärliche Symptome.

Psychoanalyse ist dialektisch, weder Psychologie noch Psychiatrie

Der gewundene Pfad der Geschichte der psychoanalytischen Herangehensweise an Subjektivität ging einher mit der Entwicklung von Psychologie, verstanden als wissenschaftliches oder pseudo-wissenschaftliches Spezialfach sowie als berufliche und akademische Disziplin. Diese Psychologie sollte nicht mit Psychoanalyse verwechselt werden. Zwar hat sie sich die Psychoanalyse häufig einverleibt, doch stimmt sie mit deren Vorannahmen, Ideen, Methoden und Zielen nicht überein. Tatsächlich beruht die Psychologie stark auf gerade jenem, was wir durch Psychoanalyse zu lösen versuchen. Vom psychoanalytischen Standpunkt ist der psychologische Interessensbereich und Wirkungskreis problematisch.

Psychologie nimmt für uns Form an als eine trügerische, täuschende und sogar wahnhafte Erfahrung, nämlich die Erfahrung als ungeteilte und vereinzelte Individuen, die sich selbst vollkommen verstehen und steuern können wie ein Objekt. Dieses einheitliche Selbst ist gerade Teil des Problems, denn es verführt jede Person zu der Vorstellung, sie trüge Verantwortung für ihre unerwünschten, unangenehmen Gefühle, und lässt sie sich umso schlechter fühlen, wenn sie sich als »gespalten« wahrnimmt, wenn sie spürt, dass da eine unbewusste Dimension in ihrem Leben ist. Eine solche Spaltung, die uns alle betrifft, wird in der Psychoanalyse anerkannt, in der Psychologie jedoch bestritten. Diese Leugnung verschleiert unsere Entfremdung und verhindert unseren Widerstand gegen das, was uns entfremdet. Dadurch wirkt sie mit an dem, was uns wie »von innen heraus« beherrscht, trägt dazu bei, uns zu manipulieren und ideologisch zu lenken.

Ein Kernproblem, vor dem wir jetzt stehen, ist die geschichtliche Konstruktion einer vereinzelten individuellen Erfahrung, die nicht unserer gesellschaftlichen Existenz entspricht, sich in unseren Gefühlen und Gedanken nicht wiedererkennen kann, an sich weder Macht noch Bedeutung hat und daher anfällig ist für Herrschaft, Manipulation und ideologische Lenkung. Hier liegt das Problem einer vom kollektiven, gemeinschaftlichen Wesen unseres Lebens als Menschen abgespaltenen Psychologie. An der Wurzel ist es das Problem des Individualismus in der kapitalistischen Gesellschaft und seiner psychologischen Erscheinungsformen.

Psychologie

Das Fachgebiet der Psychologie widmet sich der Wartung des individuellen Selbst als vereinzeltem psychologischem Bereich, als Erfahrung seiner je eigenen Psyche, so wie sich Arbeiter:innen als isoliert von anderen erfahren. Psychologie als akademische berufliche Disziplin und als Begriff für unsere je eigene ungeteilte Psyche, mit der diese Disziplin arbeitet, entstand zur gleichen Zeit wie der Kapitalismus und hat sich mit ihm weltweit ausgebreitet. Die Expansion des Kapitals über die gesamte Welt war auch eine globale Verbreitung seiner psychologischen Instrumente, nicht bloß in Universitäten und Institutionen des Gesundheitswesens, sondern in allen Lebensbereichen. Alles neigt dazu, eine psychologische Färbung anzunehmen. Dieser Prozess der Psychologisierung geht einher mit Mechanismen der Atomisierung, Entgesellschaftung, Entpolitisierung, Enthistorisierung, Pathologisierung, der Schuldzuweisung an Individuen und der Anpassung an die kapitalistische Gesellschaft.

Ja, wir leben heute im globalen Kapitalismus, im brutalen neoliberalen Kapitalismus, aber um zu verstehen, wie dieser Kapitalismus funktioniert, brauchen wir mehr als lediglich *einen* Namen für das Problem. Psychoanalyse, und nicht nur sie allein, lehrt uns, dass es unmöglich ist, vom Leben im Kapitalismus zu sprechen, von Klasse zu sprechen, ohne gleichzeitig von Sexismus, Rassismus und den vielfältigen anderen Formen der Unterdrückung zu sprechen, die Menschen behindern. Radikale Psychoanalyse ist bereits »intersektional«, befasst sie sich doch mit der tiefen subjektiven Verbindung zwischen verschiedenen Unterdrückungsformen, die zu bekämpfen und zu beenden die unterschiedlichen Befreiungsbewegungen angetreten sind.

Uns von den unterdrückenden Erfahrungen von Klasse, Rasse und Geschlecht zu befreien verlangt, dass wir sie ebenso »in uns« bekämpfen. Hier im subjektiven Bereich erscheint das, was unterdrückt ist, nicht nur als von Unterdrückung betroffen, sondern auch als ihr ergeben oder angepasst. Diese Anpassung, die aufrechterhält und verewigt, was uns unterdrückt, gilt bei Psycholog:innen und Psychiater:innen oft als »geistige Gesundheit«.

Eng zusammenhängend mit einer psychiatrischen medizinischen Vorstellung von Leiden, hat die Psychologie sich weltweit als ein psychotherapeutisches Werkzeug entwickelt, das Menschen der Realität anpasst, statt ihnen zu ermöglichen, sie zu verändern. Psychologie übernimmt den Großteil des historischen ideologischen Ballasts der medizinischen Psychiatrie und behauptet, sie zu humanisieren, indem sie sich mit beobachtbaren, messbaren Symptomen im Verhalten der Patient:innen befasst statt mit unsichtbaren geistigen Krankheiten. Diese Verlagerung von Krankheit zu Verhalten ist kein großer Fortschritt, und die Psychoanalyse zeigt die Grenzen dieser minimalen Fokusverschiebung auf.

Psychoanalyse ist nicht Psychiatrie. Aber das medizinische Erbe der Psychiatrie ist in der Psychologie nach wie vor gegenwärtig, selbst wenn sich Psycholog:innen als freundlicher und progressiver und »psychotherapeutisch« darstellen. Wir sollten hier deutlich sagen: Es gibt wichtige theoretische Unterschiede und auch berufliche Statuskontroversen zwischen medizinisch ausgebildeten Psychiater:innen, Psycholog:innen mit ihren eigenen eingeschränkten Modellen individuellen Verhaltens und Denkens sowie Psychotherapeut:innen, die sich nach Belieben jeweils den Ansatz herauspicken, der am besten geeignet scheint, Leid zu lindern und die Menschen wieder in die Welt einzupassen.

Momentan sind es die Psycholog:innen mit ihrer behaupteten wissenschaftlichen Kompetenz, die die Bühne beherrschen. Sie halten sich selbst für die Effektivsten und vergleichen ihre Effektivität mit jener, die der Psychiatrie, der Psychotherapie oder der psychoanalytischen Praxis zugeschrieben wird. Für unser Anliegen, den Nutzen der Psychoanalyse herauszustellen, wäre es einfacher, wenn Psychologie nicht funktionierte. Das Problem ist jedoch gerade, *dass* sie funktioniert; Psychologie passt bestens zu ausbeuterischen und unterdrückerischen gesellschaftlichen Beziehungen, und sie ist sehr gut im Anpassen von Menschen, so dass sie diese Welt recht reibungslos am Laufen halten. Sie läuft reibungslos, bis sich Symptome einstellen, zu deren Linderung die Psychologie dann ihre vermeintlich psychotherapeutischen Fertigkeiten einsetzt.

Die Ausbreitung der Psychologie auf der ganzen Welt und in unserem alltäglichen Leben führt zu einer Reduzierung, Verkürzung und Vereinfachung von Erfahrung, der Art unseres Fühlens, Denkens und Sprechens über uns selbst. Unser Verhalten ähnelt mehr und mehr den grob vereinfachenden psychologischen Karikaturen menschlicher Existenz, die uns überall umgeben. Diese Karikaturen werden verbreitet durch Film, Fernsehen, Zeitschriften und Zeitungen, Bestseller und Selbsthilfe-Ratgeber, emotionale Umerziehung, Business-Coaching, Beratungsdienste, Expert:innenmeinungen, soziale Netzwerke und sogar freikirchliche Pfingstgemeinden.

Das gesamte kulturelle Feld ist gesättigt mit banalen, vereinfachenden psychologischen Darstellungen – höchst funktional für das kapitalistische System –, in denen wir uns gewiss wiedererkennen. Wir erkennen uns wieder, nicht weil sie so getreu spiegeln, was wir in Wirklichkeit sein könnten, sondern weil sie uns so machtvoll dazu bringen, ihnen zu entsprechen, sie auszuleben in dem, was wir momentan unter diesen elendigen Lebensbedingungen sind.

Die Psychologie ist so erfolgreich, weil sie es schafft, unser Dasein zu durchdringen, es in seinem jetzigen Zustand zu bestätigen. Manchmal scheint dieses Dasein Ideen der großen psychologischen Traditionen zu verwirklichen, einschließlich jener der behavioristischen, humanistischen und kognitivistischen Meisterdenker:innen. Konsument:innen haben beispielsweise gelernt, auf Werbereize zu reagieren, sich mit dem Bild der menschlichen Natur, das ihnen verkauft wird, zu identifizieren, die für den Kauf notwendigen Informationen zu verarbeiten und sich den verborgenen Trieben auszuliefern, die sie ins Konsument:innendasein als Ideologie und materielle Praxis stoßen.

Es gibt sogar erfolgreiche psychoanalytische Versionen der Psychologie, genauso wie psychoanalytische Versionen der Psychiatrie. Wir müssen uns vor diesen Mogelpackungen in Acht nehmen, diesen Kapitulationen vor der »Normalität« und ideologischen Entstellungen dessen, was eigentlich eine radikal befreiende Herangehensweise sein sollte. Psychoanalyse kann nicht zu Psychiatrie oder Psychologie werden, ohne aufzuhören, das zu sein, was sie ist, ohne dabei ihren Nutzen für Befreiungsbewegungen zu verlieren und ihnen sogar gefährlich zu werden, nicht nur indem sie sie durch Psychologisierung oder Psychiatrisierung entpolitisiert, sondern indem sie zu Anpassung und Unterwerfung beiträgt statt zur Befreiung.

Es ist möglich, die Psychoanalyse zu verfälschen und zu zersetzen, indem man sie benutzt wie die Psychologie und Subjekten hilft, das zu sein, was sie sein sollen, damit sie sich möglichst effizient in den Kapitalismus integrieren. Wenn wir hingegen die Psychoanalyse bewahren wollen, wie sie wirklich ist und sein kann, müssen wir sie von diesem Prozess trennen und zeigen, wie Psychoanalyse uns befähigen kann, ihm zu widerstehen. Durch die Geschichte der Anpassung, für die die Psychoanalyse selbst anfällig war, war sie mit Ideologie verstrickt; aber sie rebelliert. Es ist, als ob die Psychoanalyse selbst ein Symptom der Unterdrückung ist, das nun zum Sprechen gebracht werden kann. Und indem wir gut über die Psychoanalyse sprechen, können wir sie und uns selbst vielleicht befreien.

Die Psychoanalyse ist von Konflikt zerrissen. Und sie spricht über Konflikt in ihrem Herangehen an unsere geschichtlich hergestellte menschliche Natur. Sie erschien in einem konkreten historischen Moment, wobei sie die widersprüchlichen Bedürfnisse, Neigungen, Begehren und Bestrebungen jenes menschlichen Subjekts widerspiegelt, das die Widersprüche dieser Welt tief in sich trägt. Das ist der Grund, warum wir von der Psychoanalyse selbst als einem Symptom sprechen können.

Die psychoanalytische Herangehensweise befasst sich nicht nur mit den symptomatischen Erscheinungsformen des Leidens des Subjekts, sondern ist selbst ein Symptom. Sie ist so widersprüchlich wie das, womit sie sich befasst. Wenn wir von der Psychoanalyse verlangen, dass sie sich der widersprüchlichen Natur des Lebens im Kapitalismus zuwendet und den Symptomen, die in dieser Gesellschaft heutzutage auftreten, so verlangen wir gleichzeitig auch, dass sie eine reflexive »kritische Psychologie« sein muss, fähig, sich selbst zu untersuchen. Wir müssen analysieren, was die Psychoanalyse dazu bringt, sich an die Gesellschaft anzupassen, und was sie dazu bringt, zu widerstehen und zu etwas Umstürzlerischem und Befreiendem zu werden.

Konflikt

Wie der Psychoanalyse geht es auch den Individuen, die ein Symptom in sich tragen. Sie sind von *Konflikt* geplagt. Individuen sind üblicherweise gefangen in schädlichen unterdrückerischen Beziehungen aufgrund eines speziellen, biografisch ausgeprägten Musters an Erfahrungen, das bestimmt, wer sie sind. Dadurch sind sie für sich selbst, ihre Familie und ihre Freund:innen als dieselbe Person erkennbar.

Was uns unterscheidbar macht, ist etwas Unbewusstes, in dem wir gefangen sind, es ist beständig und sich wiederholend wie auch widersprüchlich und konflikthaft. Unser jeweiliges spezielles Symptom gibt dem inneren Konflikt seine Form.

Dieses Symptom kann uns lähmen und davon abhalten, uns selbst und die Beziehungen, die uns unterdrücken und schaden, zu verändern. Zu Veränderung kommt es häufig, wenn uns etwas Einschneidendes oder Traumatisches widerfährt, uns von diesen unbewusst gesteuerten Mustern loslöst; und gesellschaftliche Veränderung hat großen Einfluss auf den Antrieb zu persönlicher Veränderung.

Der Veränderungsprozess und die Kristallisierung von Konflikt im Symptom können dialektisch verstanden werden. Konflikt hält uns gefangen, macht uns bewegungsunfähig und ist doch gleichzeitig das, was uns antreibt, ihn zu lösen und uns von ihm zu befreien. Unsere Vorwärtsbewegung wird durch Konflikt sowohl angetrieben als auch behindert. Das führt dazu, dass wir uns in kleinen Schritten fortbewegen, weitergehen und stolpern, uns verändern, fast ohne etwas zu verändern. Das ist besonders offensichtlich, wenn eine Reihe kleiner Veränderungen plötzlich zu einem entscheidenden Wandel führt, quantitative stufenweise Veränderungen, die den Weg für einen qualitativen Sprung bereiten. Auf der politischen Ebene passiert das, wenn fortgesetzter kollektiver Kampf endlich nach Jahren zum Aufscheinen neuer Möglichkeiten und neuer Subjektivitätsformen führt. Und es passiert in der psychoanalytischen Praxis, wenn das Symptom als offener Konflikt sichtbar wird, der nach einer Entscheidung verlangt, wie es im Leben weitergehen soll. Das Symptom ist ein Hindernis, aber dialektisch verstanden ist es auch eine Chance.

Das Symptom ist eine Chance, uns zu verändern und nicht lediglich zu erkennen. Daher sollte das Symptom nicht ausgeschaltet werden, wie es Psycholog:innen und Psychiater:innen regelmäßig versuchen und damit sicherstellen, dass nichts ergründet wird und alles so bleibt, wie es ist. Um sich selbst zu ergründen und zu verändern, muss man dem Symptom mit größter Aufmerksamkeit zuhören, so wie es in der Psychoanalyse geschieht.

Menschen kommen nicht zu Psychoanalytiker:innen, weil sie Symptome haben, schließlich ist in dieser kranken Gesellschaft jede:r von Symptomen geplagt. Sie kommen, wenn die Symptome unerträglich werden, wenn sich ein Sprung von quantitativem Leiden zu einer Art qualitativer Veränderung ankündigt. Eine der Aufgaben in der Psychoanalyse ist es, die Behandlung so zu lenken, dass diese qualitative Veränderung Form annimmt durch die Gelegenheit zur Reflexion und zur klaren Entscheidung darüber, wie man sein Leben gestalten will, statt am Rande des Zusammenbruchs und der Verzweiflung entlangzutaumeln. Psychoanalyse hilft dem Subjekt, sich von dem, was sich im Symptom zeigt, nicht überwältigen oder bezwingen zu lassen, sondern es zu überwinden. Das ist nur möglich, wenn man dem Symptom zuhört und entsprechend handelt. Das Symptom ist dialektischer Natur, und Psychoanalyse ist eine dialektische Herangehensweise, die dem einzelnen Subjekt hilft, einen neuen Kurs einzuschlagen in Richtung Anpassung oder Befreiung.

Um befreiend zu wirken, muss die Psychoanalyse befreit werden. Sie muss losgelöst werden von dem, was sie nicht ist und nicht sein soll. Sie muss gereinigt werden von den in ihr abgelagerten Mystifizierungen, Vorurteilen, verderblichen moralischen Werten, Dogmen, Klischees und Illusionen, die sie von einer fortschrittlichen Herangehensweise in ein Verfahren verwandelt haben, das dem Kapitalismus, dem Kolonialismus und unterdrückerischen Geschlechterbeziehungen als nützliches Instrument dient.

In den aufeinanderfolgenden Kontexten, an die die Psychoanalyse sich anzupassen versuchte, wurde sie instrumentalisiert. Diese Kontexte haben die Psychoanalyse mit ihren Normen, Glaubenssätzen, Vorurteilen, Wertvorstellungen durchtränkt und von ihr verlangt, dass sie ihre radikalen Ziele abschwächt und Kompromisse macht. Im Laufe ihrer Geschichte wurde alles mögliche reaktionäre ideologische Gedankengut in sie eingeimpft. Diese ideologischen Inhalte, einschließlich toxischer Ideen bezüglich der wesensmäßigen grundsätzlichen Verschiedenheit von Männern und Frauen, ihrer Sexualität und ihrer geschlechtsspezifischen Beziehung, sind im Gesamtgebäude der Psychoanalyse als eine Form der Praxis eingeschlossen, eine Sprachpraxis. Das ist gravierend, denn die Psychoanalyse ist selbst eine »Redekur«, die uns zeigt, wie das, was wir sagen, mit dem verknüpft ist, was wir tun.

Die Konflikte und Widersprüche unserer Klassengesellschaft sind nicht zu trennen von unserem Sprechen, und auch nicht von unserem Sexualleben, das in der Psychoanalyse ebenfalls im Mittelpunkt steht. Im Verlauf dieses Manifests werden wir zu erklären versuchen, warum das so ist und wie die Psychoanalyse eben deshalb auf die Sexualität abzielte, weil diese Sexualität als der intime Kern unserer Leben betrachtet wurde.

Wir reden über Sex, und genau dafür ist die Psychoanalyse weithin bekannt, aber warum? Während die Kernfamilie zur Zeit der Entstehung des Kapitalismus als das Herz einer herzlosen Welt erfahren wurde, wurde Sexualität als der persönlichste und geheimste Teil unserer selbst erlebt. Aber sie wurde nicht nur »verdrängt«, als etwas Schändliches gedeckelt und als etwas Übles weggestoßen, sondern sie wurde angestachelt und von uns eingefordert. So wurde sie in eine Besessenheit verkehrt und gleichzeitig unser schwächster Punkt, eine offene, ständig gereizte Wunde, die dazu dient, uns in einer »heteropatriarchalischen« Logik zu beherrschen.

Das Patriarchat ist stets »Heteropatriarchat«. Es ist stets »heteronormativ«, das heißt, es verpflichtet auf Heterosexualität als Basis für den intimen Gesellschaftsvertrag im Zentrum unserer globalisierten Welt, denn es setzt die Macht von Männern über Frauen und von älteren Männern über jüngere durch, und es schließt andere Formen von Sexualität aus oder toleriert sie kaum. Dies ist selbst dann der Fall, wenn der patriarchale Kapitalismus eine entstellte Version des feministischen Diskurses gegen die Linke wendet oder Spielarten sexueller Präferenz in einen Nischenmarkt verwandelt.

So wie der patriarchale Kapitalismus den Feminismus und sexuelle Vielfalt instrumentalisieren – sich diese radikalen Ideen einverleiben, verzerren und gegen uns wenden –

kann, kann er auch die Psychoanalyse zu seinem Instrument machen, um unser Sexualleben zu normalisieren und auszubeuten. Daher besteht die Gefahr, dass unsere Sexualität nicht nur auf dem kulturellen Feld durch den patriarchalen Diskurs bestimmt wird, sondern auch in der psychoanalytischen Praxis. Wir können die Psychoanalyse von diesem ideologischen Gift jetzt reinigen, sie in die Lage versetzen, für uns zu sprechen anstatt über oder gegen uns.

Verglichen mit Psychologie und Psychiatrie – und mit den meisten Formen der Psychotherapie – ist Psychoanalyse eine Psy-Disziplin anderer Art. Sie versteht uns zuzuhören und ist nicht dazu verdammt, an unserer Stelle zu sprechen. Sie gibt nicht vor, die Dinge in Ordnung zu bringen. Stattdessen behandelt sie das Symptom unseres Leidens als Nachricht des Subjekts über seine elende Lage und, ganz entscheidend, über die Notwendigkeit von Veränderung. Dadurch hat sie das Potenzial, eine unschätzbar wertvolle Verbündete von Befreiungsbewegungen zu sein. Sie ist in sich selbst eine dialektische Theorie und eine Befreiungspraxis.

Befreiung in der psychoanalytischen Praxis und in der Kultur

Es stimmt, dass sich die Mächtigen die Psychoanalyse angeeignet haben, aber das heißt nicht, dass wir sie sausen lassen, sie ihnen in die Hände fallen lassen sollten. Vielmehr müssen wir uns die Psychoanalyse wieder zu eigen machen. Dazu müssen wir die dialektische Beziehung zwischen ihrer klinischen Arbeit und ihrem sich ständig wandelnden historischen Kontext begreifen. Die geschichtlichen Bedingungen, in denen die Psychoanalyse geboren wurde – die Entfremdung im Kapitalismus, die Ausbeutung des Lebens und das unterdrückerische Wesen der westeuropäischen Kernfamilie –, waren exakt jene Bedingungen, die die Psychoanalyse zu verstehen und zu bekämpfen strebte. Unter diesen Bedingungen wurde Sexualität als traumatisch erfahren, da sie unterdrückt, aber gleichzeitig ständig zur Sprache gebracht, heraufbeschworen wurde.

Die Bedingungen, unter denen die Psychoanalyse aufkam, und die waltenden ideologischen Mächte gingen in sie ein und entstellten sie dabei. Es gibt nicht die »reine« ideologiefreie Psychoanalyse. Was jedoch möglich ist, ist ein beständiges Säubern ihrer theoretischen Ausarbeitungen, eine permanente, unablässige Klärung ihrer Schlüsselbegriffe. Die vielschichtige dialektische Beziehung zwischen ihrer klinischen Form und ideologischen Aspekten ihrer Theorie kann fortlaufend geklärt und praktisch überwunden werden. Dies ist ein dauerhafter, stets unvollendeter Prozess des Kampfes gegen Macht, es ist Ideologiekritik und Widerstand gegen Psychologisierung.

Vier Schlüsselbegriffe der Psychoanalyse, die uns erlauben, dem zutiefst ideologischen Prozess der Psychologisierung zu widerstehen, wirken als radikale Formelemente der Theorie: *Unbewusstes, Wiederholung, Trieb, Übertragung.* Diese Begriffe haben in der Psychoanalyse eine spezielle Bedeutung, aber wir wollen sie hier bedeutungsvoll machen für Aktivist:innen, die nicht nur Selbstveränderung, sondern auch Weltveränderung anstreben.

Das Unbewusste, Wiederholung, Trieb und Übertragung wirken in der Welt, nicht nur auf der Couch der Analytiker:innen. Wir müssen diese vier Begriffe im dialektischen Spannungsfeld zwischen der psychoanalytischen Praxis als privatem Raum für Veränderungsarbeit und unserem historischen Kontext betrachten. Die vier Schlüsselbegriffe müssen aufs Neue hergestellt werden, um sie wahrhaft geschichtlich zu machen; dies ist notwendig, um die Falle zu umgehen, dass wir sie auf Befreiungsbewegungen »anwenden« und dadurch zu ideologischen Werkzeugen werden lassen, anstatt sie als richtungsweisende Anhaltspunkte für revolutionäre Praxis zu nehmen.

Wir müssen verstehen, dass unsere Kämpfe nicht durch psychoanalytische Begriffe interpretiert, gerechtfertigt, bestätigt und auch nicht anhand dieser Begriffe geführt werden müssen. Auch ist nicht beabsichtigt, dass diese Begriffe als Sinnbereich wirken, der den Horizont der Freiheit, für die wir kämpfen, eingrenzt und abschließt. Unsere Befreiungsbewegungen müssen ihre Wege offen halten und ihre Richtung und Reichweite im Gehen bestimmen, während sie ihre Vorstellungen und Ziele ausweiten. Die Psychoanalyse sollte sie nicht wie ein fester Orientierungspunkt lenken, aber sie können sie als ein Instrument neben anderen nutzen und sie verändern, während sie in der Auseinandersetzung mit unseren Lebensbedingungen alles andere verändern.

Wir sind mit speziellen modernen Kulturverhältnissen konfrontiert: Kapitalismus vermischt mit Kolonialismus und seinen notwendigen Formen des Rassismus, Sexismus und anderen Weisen der Pathologisierung von Menschen, die nicht willens oder nicht fähig sind, sich dieser Welt als gesunde wohlerzogene produktive Bürger:innen anzupassen. Die Psychoanalyse hält wertvolle Einsichten in das Wesen der Subjektivität in dieser globalen Kultur bereit, und in die Unterschiede, die die Völker dieser Welt in ein Gegeneinander spalten. Ihr eigentlicher Beitrag jedoch liegt in der psychoanalytischen Praxis. Und die vier Schlüsselbegriffe Unbewusstes, Wiederholung, Trieb und Übertragung, mit denen wir uns in den folgenden Kapiteln unseres Manifests näher befassen, sind in ebendieser Praxis begründet.

In der psychoanalytischen Praxis entdecken wir, was uns unbegreiflich ist, wie wir selbstzerstörerische Beziehungen wiederholen, wie wir dazu getrieben werden, und wie das Phänomen der Übertragung als eine eigentümliche Beziehung zu Analytiker:innen wirkt. Diese Entdeckungen stehen nicht außerhalb des herrschenden kulturellen Universums. Sie sind rückgekoppelt an die Kultur, im Guten wie im Schlechten, deshalb müssen wir auch etwas über die Gefahren sagen, Psychoanalyse über die eigentliche Praxis hinaus »anzuwenden«, eine unvermeidliche akademische Verzerrung.

Wenn es eine erfolgreiche Überwindung der bestehenden Verhältnisse geben soll, müssen wir die Psychoanalyse jenseits ihrer fragwürdigen Anwendungen als Werkzeug radikaler Arbeit an Subjektivität wiederherstellen. Dialektisch verstanden ist dieses Werkzeug das Resultat der theoretischen Ausarbeitungen von Freud und seinen Nachfolger:innen, die uns die Möglichkeit gegeben haben, es für radikale Arbeit in der psychoanalytischen Praxis und in Befreiungsbewegungen zu nutzen. Was es hervorbringt, ist Teil eines schöpferischen Prozesses, der uns befähigt, mehr zu erreichen. Unsere Bezeichnung für das, was es ermöglicht, ist »revolutionäre Subjektivität«, ein »revolutionäres Subjekt«.

Wie in der Psychoanalyse so in der Politik: Das revolutionäre Subjekt erscheint und verschwindet, entsteht, geformt im Kampf, und vergeht wieder, wenn seine Arbeit getan ist. All dies wird uns nicht zu heldenhaften revolutionären Individuen, charismatischen Aktivist:innen oder kampfgestählten Anführer:innen machen. Unser Anliegen ist nicht die Heranbildung von Führerschaft oder Persönlichkeiten, sondern die Gestaltung eines kollektiven Veränderungsprozesses, der die Art der Welt vorwegnimmt, die wir aufbauen wollen, nichts anderes.

Das wird uns nicht zu Psychoanalytiker:innen machen, weit gefehlt. Zumal Psychoanalyse im Endergebnis stets anstrebt, dass das menschliche Subjekt in der Lage ist, die Leiter umzuwerfen, die es benutzt hat, um einen neuen Ort zu erreichen. Die psychoanalytische Sichtweise sollte unseren Horizont nicht verschließen. Sie ist eine Chance, keine Falle. Indem wir der Welt, die so viel Elend produziert, ein Ende setzen, nehmen wir auch das Ende der Psychoanalyse vorweg, der Psychoanalyse als revolutionärer Herangehensweise, die als Werkzeug und Ergebnis dieses historischen Prozesses fungiert.

Wir beginnen im nächsten Kapitel mit dem *Unbewussten*.

2. Unbewusstes: Entfremdung, Vernunft und Andersheit

Unser Kampf, an welchem Ort auch immer er stattfindet, hat internationale Reichweite. Jeder Befreiungskampf erweitert stufenweise sein Verständnis davon, wie wir gespalten und beherrscht werden. Was uns widerfährt, kann auf einer unmittelbar lokalen, zwischenmenschlichen, regionalen Ebene nicht begriffen und auch nicht auf einen nationalen Kontext beschränkt werden.

Konsumverhalten, Arbeitslosigkeit und Fremdenfeindlichkeit in reichen Ländern ergeben zum Beispiel nur einen Sinn, wenn wir Elend, Hungerlöhne und die Ausbeutung von Arbeitskraft in armen Ländern in die Betrachtung einbeziehen. Ebenso müssen wir alte und neue Formen des Kolonialismus bedenken, um zu erkennen, worum es bei Rassenhass und Terroranschlägen geht. Gleichermaßen kann die feministische Parole aus Chile »Der Unterdrückerstaat ist ein Macho-Vergewaltiger« uns helfen, nicht nur staatliche Repression und Gewalt gegen Frauen zu erhellen, sondern auch homophobe Brutalität und gewalttätige machohafte Beziehungsformen seitens Gruppen und Nationen, die auf Kosten anderer, von ihnen feminisierter und verunglimpfter Lebensweisen herrschen.

Was in der Welt, selbst fernab von uns, passiert, ist grundlegend für unser Sprechen und Handeln. Unsere alltäglichen Worte und Taten enthalten zudem vergangene Geschichte, auch weit zurückliegende, bis hin zur Geschichte vergangener Jahrhunderte. Geschichte bringt uns hervor. All dies ist in jedem Moment präsent, schränkt uns ein und lenkt uns in eine bestimmte Richtung, aber meist ohne dass es uns vollständig bewusst ist. Diese Einschränkung und Möglichkeit ist das *Unbewusste.*

Dieses Kapitel handelt von einem wesentlichen Basiskonzept der Psychoanalyse. Das Unbewusste wird in der psychoanalytischen Begegnung zum Leben erweckt, aber seine

Effekte sind im Alltag überall spürbar. Wir müssen begreifen, wie das Unbewusste persönlich und politisch Form annimmt in der Entfremdung, die die kapitalistische Gesellschaft erzeugt; dann wie dieses Begreifen durch den »Alltagsverstand« entstellt wird, wie die dieser Gesellschaft eigene Rationalität uns in die Individualitätsfalle lockt, in der das »Ich« Herr im Haus ist; und wie das »Andere«, das uns verfolgt, mit Sprache verknüpft ist, derselben Sprache, in der wir anderen unser Leiden mitteilen.

Entfremdung und Alltagsverstand

Wir sind entfremdet in dieser elenden Welt, abgetrennt von anderen und sogar von uns selbst. Und was uns über unsere Entfremdung und über das Unbewusste gesagt wird, hat üblicherweise den ideologischen Effekt, dass es den Ursprung des Problems verdeckt und uns davon abhält, die Hilfe zu suchen, die wir brauchen. Wir müssen das Unbewusste anders denken.

Durch politisches Denken, Reflektieren und Handeln auf internationaler Ebene erkennen wir, wie bestimmte Andere, Menschen unterschiedlicher gesellschaftlicher Gruppen, Nationen, Kulturen, Gender und sexueller Orientierung, uns gegenüber »anders« gemacht wurden und wie diese »Andersheit« sich in uns hineingearbeitet hat in Form von eingelagerten Klassenprivilegien und -diffamierungen, von Nationalismus, Rassismus und Sexismus. Wir werden in dieser traurigen Welt sogar uns selbst gegenüber »anders« gemacht, und diese Andersheit durchdringt dann unsere Erfahrung, unsere Subjektivität, und zwar so tief, dass sogar die Natur selbst, was genau das auch sein mag, als fremd, befremdlich und bedrohlich erfahren wird. Dies ist ein wichtiger Teil dessen, was die Psychoanalyse als »Unbewusstes« bezeichnet. Es ist etwas Unerkennbares, das unsere »äußere« und »innere« Welt bewohnt. Obwohl es in unseren Gedanken ist, ist es jenseits dessen, was wir denken. Es ist nicht das, was wir denken. Wir sind zerteilt, gespalten, unser eigenes Anderes.

Stets entkommt das Unbewusste unseren Gedanken. Es ist nicht einfach etwas, das verschüttet ist und ausgegraben werden, über das man nachdenken oder das man erinnern kann. Es ist vielmehr eine Form der Entfremdung von unseren Ideen, Worten, Handlungen und Beziehungen zur Welt, die immer anders sind, als sie zu sein scheinen, so als wären sie von uns getrennt.

Entfremdung ist eine Form der Spaltung. In strikt psychoanalytischer Sprache ist es eine zweifache Entfremdung – nach unserer notwendigen Trennung von jenen, die uns in diese Welt setzten und anfangs für uns sorgten. Indem wir uns von ihnen abwenden, wenden wir uns von uns selbst ab, spalten uns innerlich, so dass wir unseren Weg gehen können in der Welt, in der wir »entfremdet« sind, und in der Sprache, die wir benutzen, um mit anderen über dieses Unbehagen zu reden. In der Folge verdoppelt und verschärft die spezifisch kulturellhistorische Entfremdung in dieser Welt unsere »ursprüngliche Entfremdung«, unsere innere Spaltung, unsere eigentümlich menschliche Natur als gespaltene Subjekte, die zum Überleben auf die Kommunikation mit anderen angewiesen sind, einschließlich der Kommunikation über unser Leiden.

In dieser unterdrückerischen und ausbeuterischen Gesellschaft wirkt unsere Entfremdung durch vielfältige Dimensionen der Trennung. Dazu gehören: die Konkurrenz zu anderen im Verkauf der eigenen Arbeitskraft; die Verfügungsgewalt unserer Herren über die Früchte unserer schöpferischen Arbeit, nachdem wir unsere Lebenszeit an sie verkauft haben; die Sorge, ob unsere Körper tatsächlich die Arbeit tun, die sie für andere leisten müssen, um leben zu können; und der Trieb, zum Zweck des Profits die Natur auszubeuten, die uns dann als feindselige Macht gegenüberzustehen scheint. Andere Menschen, unsere eigene Schaffenskraft, unsere Körper und die Natur als solche sind allesamt von uns getrennt und werden dann als bedrohlich erlebt. Der Alltagsverstand sagt uns, das sei selbstverständlich und natürlich, aber der Alltagsverstand lügt.

Alltagsverstand

Es gibt einen Unterschied zwischen dem »gesunden Menschenverstand«, für den wir kämpfen – jenes Verstehen, das auf unserem bodenständigen Wissen aufbaut, unsere aus Erfahrung und praktisch-theoretischer Analyse erwachsene kreative Kompetenz –, und dem überlieferten ideologischen *Alltagsverstand*, in dem unser Wissen enteignet und entstellt wird, um uns zu dequalifizieren.[3] Mit diesem ideologischen Alltagsverstand befassen wir uns hier. Der ideologische Alltagsverstand durchkreuzt systematisch unsere Versuche, die Form zu verstehen, die diese Entfremdung annimmt als etwas uns gegenüber »Anderes«, als etwas Un-Bewusstes. Dennoch, bei allem gesunden Menschenverstand ist das Andere, das uns entfremdet, immer noch da. In dieser Welt, in der ökonomische Kräfte uns zur Arbeit für den Profit anderer treiben, gibt es etwas, das sich unserer bewussten Kontrolle entzieht, und Psychoanalyse hat eine Menge zu sagen zu diesem Aspekt unseres Lebens, der stets außerhalb unserer Reichweite bleibt und als etwas uns Unbewusstes existiert.

Das von Freud entdeckte Unbewusste wird dabei ebenfalls banalisiert, in die gängigen Bilder von unergründlichen Tiefen, von etwas Dunklem und Geheimnisvollem verwandelt oder, wie in vielen psychologischen und psychiatrischen Lehrbüchern, als die Masse eines Eisbergs dargestellt, von dem für uns nur die Spitze sichtbar ist. Psychologisierte Psychoanalyse erklärt uns dann gar, wir sollten dieses Unbewusste unter die Oberfläche zurückdrängen, es ignorieren, so tun, als hätte es keinen Einfluss auf unser Leben. Das falsche Bild von geistiger »Gesundheit« und »Glück« spielt das bewusste »Ich« gegen das Unbewusste aus, wünscht es weg.

Dieses »Ich«, das den vielen Banalisierer:innen der Psychoanalyse und den enthusiastischen Anhänger:innen des Psy-Komplexes so geläufig ist, wird oft als der rationale Kern des

3 Zur Unterscheidung gesunder Menschenverstand/Alltagsverstand s. Antonio Gramscis *Gefängnishefte*, z. B. *Gef* 5, Heft 8, § 204 und *Gef* 6, Heft 11, § 12.

Selbst beschrieben, aber dieser kleine Mechanismus vernünftigen individuellen Selbstbewusstseins ist tatsächlich nicht der Kern dessen, was wir sind. Wir sind letztlich, wie Marx uns lehrt, ein »Ensemble der gesellschaftlichen Verhältnisse«, und dieses Netzwerk gesellschaftlicher Beziehungen, das unsere kollektive Natur als menschliche Wesen ausmacht, ist nicht die Stätte des Ichs, sondern des Unbewussten.

Das Unbewusste ist nichts Vernebeltes, verborgen in den unsozialen Tiefen unseres Selbst. Es entfaltet sich in den gesellschaftlichen Beziehungen, an denen wir teilhaben und die uns formen. Diese Beziehungen rufen andere, vergangene Beziehungen wach und liegen außerhalb unserer bewussten Kontrolle, aber sie bestimmen, was wir sind und was wir beeinflussen können. Sie formen unser Selbst und unser Selbstbewusstsein.

Unser unmittelbares Selbstbewusstsein scheint uns oft in die Arme zu schließen, doch retten kann es uns nicht. Es schwelgt in Alltagsverstand-Ideologien eines von der Gesellschaft getrennten Selbst, wobei es das Beste aus der Entfremdung macht, statt sie anzuerkennen, ihren Ursprung zu verstehen und uns zu befähigen, die Bedingungen ihrer Entstehung kollektiv zu verändern.

Anstatt uns von Entfremdung zu befreien, reproduziert naive »Selbsterfahrung« sie durch entfremdende Vorstellungen unseres »Ichs«. Diese Vorstellungen vom »Ich« als Kern unseres Selbst, als rationales Zentrum unseres Selbstbewusstseins, reduzieren unsere Subjektivität auf das, was wir zu sein glauben: jede:r von uns ein separates Individuum getrennt von den anderen. Diese Sichtweise ist kein Weg zur Heilung und noch weniger zur Revolution.

Solange wir uns nicht frei machen von der Vorstellung, die uns in dem einhegt, was wir unmittelbar und ideologisch zu sein scheinen, werden wir immer nur da landen, wo wir schon sind. Diese durch den Alltagsverstand befeuerte Vorstellung von uns selbst ist ein Verrat an der Andersheit, die uns erst menschlich macht. Sie verkehrt diese Andersheit in einen Fluch, anstatt zu erkennen, dass sie die materielle Grundlage für eine praktische, beständige, echte Heilung durch geschichtlichen Kampf gegen Ausbeutung und Unterdrückung ist. Unsere Befreiung kann nur eine kollektive sein, deshalb kommt sie in der Sorte Alltagsverstand, die uns ins Gefängnis unseres »Ichs« einsperrt, nicht vor.

In dieser alltagsverständlichen Sichtweise sind wir ausschließlich unser besonderes Selbst. Die unendlich verschiedenen anderen Besonderheiten in Gender, Hautfarbe, Kultur, Nationalität – einige unter vielen weiteren Dimensionen der Differenz – erscheinen als außenstehend, fremd, gar als abstoßend oder feindselig. Wir erkennen unsere kollektive Unterschiedlichkeit nicht als geteilte Menschlichkeit. Macht euch auch klar, wie diese Vorstellung des eigenständigen Ichs »behinderte Menschen« marginalisiert, Menschen, die man behandelt, als wären sie beschädigt, unvollständig. Sie sind »behindert« durch diese Gesellschaft, die nach normal gesunden, gut angepassten Körpern verlangt, die »Mehrwert« produzieren, und ebenso durch die Alltagsverstand-Vorstellung vom Ich als autonomem Herrn im Haus. Wer dieser Vorstellung nicht genügt, wird oft als »verrückt« verurteilt.

Unsere menschliche Natur wird damit verleugnet. Wir verraten unsere grundlegende Natur, in der wir nichts sind ohne andere. Im Verrat unserer engen Verbindung zu anderen werden liebevolle Beziehungen der Solidarität mit dem Schmerz von anderen ersetzt durch Hass und Misstrauen. So gehen wir in die Falle.

Wir sind gefangen in der Verlockung, dem allgegenwärtigen Elend in dieser kapitalistischen Welt mit individuellen Lösungen zu begegnen, die auf Durchsetzungsfähigkeit, Gewinnstreben und Konkurrenz beruhen. Die Verlockung besteht darin, genauso schäbig zu sein wie diese von dem Trieb beherrschte Welt, Güter anzuhäufen und auf Kosten anderer Profit zu erzielen, und das Beste daraus zu machen, gar zu behaupten, wir seien damit »glücklich«. Wenn das passiert, wird individuelle Herrschaft, das vereinzelte »Ich«, gegen andere ausgespielt.

Aber selbst wenn wir uns gegen das Menschsein kehren, hören wir nicht auf, Mensch zu sein. Das Unbewusste spricht und kann uns dadurch mit kollektivem Handeln verbinden. In dieser Verbindung gibt es eine dialektische Wendung: Wiewohl das individuelle »Ich« nicht der Kern jedes menschlichen Wesens ist, ist es genauso wenig das Unbewusste, in dem wir uns miteinander verbinden und als Ensemble gesellschaftlicher Beziehungen existieren. Das Unbewusste ist genauso wenig ein »Kern« des Selbst wie das Ich, und das Unbewusste ist zudem nichts, was meinem Sein wesenhaft innewohnt, es ist nicht in jeder:jedem von uns verborgen. Es ist nicht das unergründliche Wesen meiner selbst. Es ist etwas anderes.

Das Unbewusste, von dem wir meinen, es sei so tief und so versteckt in unserem Inneren, ist tatsächlich etwas *außen*, das von Andersheit spricht. Es setzt sich zusammen aus Geschichte, Wirtschaft, Gesellschaft, Kultur und Ideologie. Es ist ein Raum für Begegnungen und Meinungsverschiedenheiten mit anderen, für Erklärungen und Widersprüche, die mit ihnen diskutiert werden, für Bündnisse und Konflikte zwischen Genoss:innen im Kampf, für Überzeugungsarbeit und Missverständnisse. Es manifestiert sich im Bereich der Sprache, die wir mit anderen teilen.

Das Unbewusste ist selbst durch die jeweiligen Sprachen strukturiert, die wir von der Welt, in der wir leben, lernen. Es kommt von außen, aus dem, was wir sehen und hören, aus der Struktur vergangener und aktueller Beziehungen, die in dem von uns bewohnten Raum nachschwingt und sich entfaltet. Es wirkt folglich als ein »anderer« Diskurs, stets präsent, wenn auch nicht immer wahrgenommen. Es ist gleichzeitig – dialektisch – Äußeres und Inneres. Es umgibt uns und durchzieht uns. Es ist in uns, eben weil es auch außerhalb von uns war und immer noch ist; weil wir in ihm sind; weil es ist, wo wir sind.

Wir leben an der *Außenseite* des Unbewussten. Hier, in diesem äußeren strukturierten Feld des Daseins, ist es so, als ob jede Person ihren Platz einnehmen muss, den Platz, der ihr entspricht, der sie von anderen unterscheidet; und anschließend, indem sie sich in die Gesellschaft einpasst, den Platz, der sie mit den anderen in Deckung bringt. Das Unbewusste weist uns buchstäblich unseren Platz zu, und gleichzeitig scheucht es uns auf, erinnert uns daran, dass wir nicht nur sind, was zu sein wir uns einbilden, dass da mehr ist als unser kleines entfremdetes Selbst, darauf reduziert, unser Ich als diplomatische Vertretung gegenüber der Welt der anderen anzusehen.

Vom Unbewussten lernen wir, dass wir keine uneingeschränkte Macht darüber haben, was wir sagen, dass wir die Bedeutung unserer Worte nicht bestimmen, dass wir nicht der Mittelpunkt sind, weder in unseren kleinen Bedeutungsuniversen noch in direkten persönlichen Beziehungen zu anderen. Die Illusion, wir seien das Zentrum, mit dem Ich als Herrn im Haus, ist ein ideologisches Märchen, so machtvoll wie jenes von den Menschen als Mittelpunkt der Welt, den anderen empfindungsfähigen Wesen im Tierreich entgegengestellt, statt im Einklang mit ihnen zu leben. Diese beiden ideologischen Märchen über uns als Mittelpunkt des Daseins sind in Wahrheit ein und dieselbe Geschichte. Sie wird durch eine radikale psychoanalytische Perspektive überprüft, hinterfragt und angezweifelt. Psychoanalyse bestreitet die Macht des Ichs über uns und über alles andere.

In ihrer Kritik des Ichs stellt die Psychoanalyse uns alle vor die Wahl, entweder weiter zu versuchen, uns selbst und andere und die Natur zu beherrschen, oder einen anderen Weg des Zusammenlebens zu finden. Diese Wahl ist bereits befreiend, aber auch aufschlussreich. Sie lässt uns mindestens drei Dinge über Macht erkennen. Erstens: Macht ist nicht unabdingbar, sie muss nicht entweder ausgeübt oder erlitten werden; zweitens: Macht lässt sich nicht ausüben, ohne sie gleichzeitig zu erleiden – wer über die Bedürfnisse anderer herrschen will, muss zuerst sich selbst beherrschen; drittens: Im Ich, das uns erstickt, ist die gleiche Macht am Werk wie in dem, was uns andere unterdrücken lässt, und in dem, was die Welt um uns herum zerstört.

Die Psychoanalyse kann uns helfen, aus unserem Ich herauszukommen und außen gegen die Macht zu kämpfen, die uns innen eingesperrt hält. Das Kampffeld ist außen, in der natürlichen und gesellschaftlich-kulturellen Welt, jenseits der engen bewussten Grenzen unserer Individualität. Mit dem Unbewussten schreiten wir folglich von einem Konzept, in dem das Ich von der Welt als einer »Umgebung« getrennt ist, hin zu dem einer radikalen befreienden Ökologie, eines psychoanalytischen Öko-Sozialismus. Um dies zu tun, müssen wir die Welt und unsere Macht in der Welt zurückerobern.

Macht

Was ist *Macht*? Macht, wie sie in der Psychoanalyse begriffen wird, ist immer dort, wo das Ich sich aufnötigt, aber sie gehört niemals wirklich uns als Individuen. Selbst wenn wir glauben, Macht zu haben, haben wir sie doch nicht richtig und uneingeschränkt. Vielmehr ist Macht auch etwas, das uns besitzt und entfremdet, indem sie durch uns oder auf uns wirkt, indem sie uns beherrscht, uns zwingt, Herrschaft entweder zu erleiden oder auszuüben, indem sie uns ausbeutet – als Ausbeuter:innen oder Ausgebeutete, als Herrschende oder Dienende, als Konsument:innen oder Arbeiter:innen, als Warenverkäufer:innen oder Waren. Von der Macht besessen, sind wir in allen Fällen entfremdet. Wir werden uns selbst fremd, und dann hören wir auf, wir selbst zu sein, um zu dem zu werden, was die Macht will.

Die Psychoanalyse eröffnet uns eine Perspektive auf Macht als etwas vom Subjekt Losgelöstes, etwas Unkontrollierbares, erlitten selbst in der Ausübung, etwas, das stets ein fremdes und entfremdendes unbewusstes Fundament voraussetzt. Diese Vorstellung ist notwendig als Ergänzung zu den meisten linken Auffassungen von Macht als etwas, das »besessen« wird, das bewusst über andere ausgeübt wird, um sie zu beherrschen.

Es stimmt wohl, dass es Leute gibt, die Macht haben, das »eine Prozent« wie auch Regierende und Macho-Chefs in den verschiedensten privaten und staatlichen Unternehmen, jene, die die absichtliche Erniedrigung derer unter ihnen genießen. Aber wir müssen aufpassen, kritische Gesellschaftsanalyse nicht in eine gigantische Verschwörungstheorie zu verwandeln. Und wir wissen, dass Verschwörungstheorien oft als hochgiftige Spaltpilze wirken, die uns vom tatsächlichen Problem, dem patriarchalen und kolonialen kapitalistischen System, ablenken, um Sündenböcke ins Visier zu nehmen, wobei antisemitische Verschwörungstheorien am verbreitetsten sind.

Der Marxismus und die vielen mit ihm verbündeten Befreiungstheorien und -praxen aus den feministischen und antikolonialen Bewegungen sind keine verschwörerischen Wahnvorstellungen mit dem Zweck, jene ausfindig zu machen, die die Macht ausüben. Es sind systematische Strukturanalysen der Art und Weise, wie jede:r vielfältigen, sich überkreuzenden Machtregimen unterworfen ist. Diese Analysen stehen im Einklang mit dem, was wir von der Psychoanalyse lernen. Das Konzept von Macht, das wir hier darlegen, ist daher nicht nur als Ergänzung zu den Ideen der Befreiungsbewegungen gedacht, sondern auch als ein Werkzeug für die kritische Analyse von Irrwegen, die den besten Absichten der Aktivist:innen zum Trotz den Kampf entpolitisieren, indem sie Politik individualisieren, personalisieren und psychologisieren.

Das Grundproblem liegt nicht in bestimmten Personen und ihren Handlungen, und noch weniger in ihren Neigungen, ihrem psychologischen Profil oder ihrem Charakter. Das Grundproblem ist die Struktur, die sie unbewusst zu denen macht, die sie sind, und so handeln lässt, wie sie es tun. Diese Struktur ist ökonomisch und symbolisch und also politisch, so hochgradig politisch wie das Unbewusste, das mit ihr und gegen sie wirkt. Psychoanalytische Politik, die sich mit dem Unbewussten befasst, mit dem, was es an der Wurzel ist, ist daher eine radikalere Weise, über Macht nachzudenken. Was uns in unseren gesellschaftlichen Beziehungen und unserer persönlichen Erfahrung unbewusst ist, hat einen machtvollen strukturierenden Einfluss darauf, wie wir uns in der Welt sehen und wie wir sie reproduzieren oder zu verändern versuchen.

Die Psychoanalyse spricht von Macht und Entfremdung als heimisch in einer Welt, die menschliche Fähigkeiten und sogar menschliche Wesen auf den Status von Kauf- und Verkaufsobjekten reduziert. Wir werden gegeneinander ausgespielt, wenn wir darum konkurrieren, uns zu verkaufen, unser Wissen, unsere Fähigkeiten, unser Leben, unsere Arbeitskraft. Unsere schöpferische Arbeit wird gegen uns gewendet als etwas, das durch unsere Herren oder durch uns selbst im Dienst unserer Herren kontrolliert und verkauft wird. Wir erledigen sogar die Aufgabe unserer Herren, indem wir die Kontrolle und den Verkauf von Arbeit, unserer Arbeit, übernehmen.

Unsere Herren kontrollieren uns, sei es durch andere Menschen, Dinge oder uns selbst. Wir tanzen nach ihrer Pfeife, die manches Mal auch die unsere ist. Wir tun, was sie tun und was sie uns antun, selbst wenn sie nicht wissen, was sie tun, getrieben von der unersättlichen Suche nach Profit, getrieben in selbstzerstörerische Versuche, andere zu beherrschen. Sie entfremden uns und entfremden sich selbst, während sie so viele andere Leben vernichten und den Planeten verwüsten.

Wir werden sogar damit beauftragt, die Funktion unserer Herren auszuüben und uns einzubilden, wir seien kleine Herrscher. Das passiert, wenn uns Autorität zugestanden wird, als Kund:innen, Eigentümer:innen, Vorgesetzte, Eltern, Ehemänner, Lehrer:innen, Gutachter:innen, Bürokrat:innen, Polizist:innen, Soldat:innen, Therapeut:innen, Ärzt:innen usw. Es ist ein kleiner Trost, eine kleine Entschädigung. Zumindest ein unwesentlicher Teil all der Macht, die uns genommen wird, all der Macht, die uns unterdrückt, wird uns zurückgegeben. Das kann uns unsere Unterdrückung und Ausbeutung vergessen lassen. Das Schlimme daran ist, dass das Vergessen uns noch stärker ausbeutbar macht und unsere Ausbeutung fortsetzt, dass wir mehr verlieren als gewinnen. Die kleine Macht, die wir als Individuen erhalten, führt dazu, dass wir uns kollektiv der Macht unterwerfen. Während uns gesagt wird, dass sie uns befreit, bewirkt sie doch, dass wir im Gegebenen erstarren.

Wir ermächtigen uns alle auf unsere eigenen Kosten. Auf diese Weise geschieht etwas für die Psychoanalyse Entscheidendes: Wir spalten uns von unserem Körper ab, und unsere Beziehung zu diesem Körper wird pervertiert. Wir versklaven unsere eigenen Körper, verdinglichen sie, und wir gebrauchen sie als Mittel zur Erfüllung unserer jeweiligen Pflichten oder zur Befriedigung unseres je individuellen Ehrgeizes. Das ist auch, was uns »gesellschaftliche Modelle« von Behinderung lehren: dass Körper dazu da sind, in dieser Welt als ideologisch »vollständige« produktive Objekte zu funktionieren, und wenn sie es nicht tun, dann sind sie »behindert«. Das Bild vom vollständigen, unabhängigen Körper, das von radikalen Aktivist:innen der Behindertenbewegung angefochten wird, ist ein genauso ideologisches Bild wie das des vollständigen, unabhängigen Selbst, das von radikalen Aktivist:innen in Sachen psychischer Gesundheit und Antipsychiatrie kritisiert wird.

Unser Ich wird ständig benutzt, um unsere Körper zu beherrschen. Als Individuen werden wir geistig ausgebeutet, um uns als Kollektiv materiell auszubeuten. Gesellschaftliche Ausbeutung wäre unmöglich ohne die Komplizenschaft eines Ichs, das üblicherweise das schwächste Glied der Gemeinschaft ist. Dieser wunde Punkt kann durch Psychoanalyse behandelt werden mit dem Ziel, kollektive Macht zurückzugewinnen.

Unser psychoanalytisches Konzept von Macht betrachtet diese als etwas, das kollektiv erobert werden kann. Wir können die Macht ergreifen und sie fortschrittlich nutzen, um die Gesellschaft und uns selbst zu formen. Wir sind nicht *gegen* Macht, aber dagegen, dass sie als auf die Ebene des Individuums reduziert gedacht wird, und wir sind *für* sie als gestalterische Kraft. Wir wissen, dass Macht uns befreien und uns dienen kann, um eine andere, bessere Welt zu erschaffen, sofern wir sie kollektiv ausüben und damit die herrschende Ideologie widerlegen, die uns glauben macht, dass Macht stets dem Ich gehört, so als wären Individuen die einzigen Subjekte und im Besitz ihrer Handlungen.

Alltagsverstand-Vorstellungen von Gesellschaft und vom Charakter der Macht wirken ideologisch. Sie verdecken die Grundursachen der Entfremdung. Im Gegensatz zu dieser ideologischen Darstellung von Gesellschaft behaupten wir, dass in dieser elenden Welt Entfremdung plus Macht das Unbewusste ist. In diesem Sinn ist das Unbewusste Politik, und wir müssen lernen anzuerkennen, dass unser Handeln unbewusst organisiert ist, besser noch: der Macht auf kollektive Weise entgegenzutreten und den extremsten zerstörerischen Formen der Entfremdung, die im Kapitalismus regelmäßig auftreten, ein Ende zu bereiten.

Rationalität in der Falle des Ichs

Einige Formen der Psychoanalyse, speziell jene, die in der englischsprachigen Welt zum Mainstream geworden und von Anpassungsinstitutionen einverleibt worden sind, sehen das Ich als König und versuchen es in der Praxis wieder auf den Thron zu heben. Ziel der anpassenden konservativen Psychoanalyse ist, das Ich zum Herrn im Haus zu machen. Dadurch werden Freuds radikalste Impulse verraten, und das Ich wird als Sitz der Rationalität unterstellt.

Diese Rationalität ist natürlich die Sorte bürgerlicher individueller Rationalität, die der Ideologie in Kapitalismus, Kolonialismus und Patriarchat so lieb ist. Es ist Rationalität in der Falle des Ichs und sehr verschieden von der kollektiven Vernunft, die wir in Widerstands- und Befreiungsbewegungen gemeinsam erschaffen. Um diese kollektive Vernunft zu erschaffen und an sie anzuknüpfen, müssen wir uns durch das Unbewusste verbinden, uns darin finden, statt uns im Ich zu verlieren.

Das Unbewusste ist all das, was individueller Vernunft entkommt, ein bisweilen unabdingbarer schöpferischer Kontext, den wir notwendigerweise bewohnen; ein Aspekt unseres Menschseins, der jedoch in eine »dunkle« Macht verwandelt und von der bürgerlichen Ideologie dann als Bedrohung betrachtet wird. Negative Bilder von allem Dunklen, symbolischer Rassismus, begleiten oft solch ideologische Vorstellungen wie vom idealen Selbst als Herr im Haus, eine heteropatriarchale Illusion. Diese Ideologie, der sowohl das Unbewusste als auch unsere Körper und unsere Kollektivität verdächtig sind, schränkt uns auf den individuellen psychologischen Bereich ein, den Bereich des bewussten Ichs. Isoliert im Ich und mit ihm verwechselt, können wir das Unbewusste vergessen und uns der Unterwerfung unserer eigenen Körper widmen.

Unsere jeweilige Aufgabe ist es dann, unseren Körper zu kontrollieren und in den Dienst des Kapitalismus zu stellen. Daher unterwerfen und beherrschen wir ihn, behandeln ihn als Sklaven, als Maschine, die für sich selbst und für andere arbeiten muss. In einem persönlichen Drama, das zu einer ökologischen Katastrophe wird, richten wir uns schließlich gegen die Natur selbst – Natur betrachtet erst als Bedrohung in uns und dann als Bedrohung von außen. Unser entfremdetes Dasein schneidet uns von unserer eigenen schöpferischen Arbeit ab, argwöhnisch gegenüber anderen, voller Angst, die Kontrolle über unseren Körper zu verlieren, und präventiv misstrauisch und zerstörerisch gegenüber der Natur.

Wissenschaft

Vollkommener Ökozid, die unumkehrbare Opferung der Welt, beginnt mit der Opferung unserer Körper auf dem Altar des Ichs. Diese Opferung ist ihrerseits das Resultat unserer Entfremdung. Nur indem wir so etwas wie das Ich werden, etwas, das dem, was wir eigentlich sind, so fremd ist, können wir uns selbst und die gesamte Welt zerstören. Für die Welt bleibt ohnehin kein Platz, wenn wir die Individualität, in der wir entfremdet sind, in der totalen Form des Ichs zusammenfassen. Unsere Entfremdung ist zudem eine »Verdinglichung« – sie beinhaltet die Verwandlung von Subjekten und menschlichen Beziehungen in Dinge – und *Wissenschaft* wird dadurch entstellt: Aus einem Werkzeug für praktisches analytisches Begreifen wird ein Herrschaftsinstrument.

Wir kennen die »wissenschaftlichen« Ausdrucksformen der Verdinglichung in der Mainstream-Psychologie. Instrumentelle »Wissenschaft«, die eine ideologische Form wissenschaftlicher Vernunft darstellt und auf einem Modell von »Vorhersage und Kontrolle« beruht, macht uns zu Objekten, eine Verdinglichung des Subjekts, gegen die sich die Psychoanalyse wendet. Einmal verdinglicht, verwandelt sich das Subjekt in das Ich. Dieses Ich ist nicht länger das Subjekt. Es ist etwas dem Subjekt völlig Fremdes. Es ist etwas, zu dem wir entfremdet werden und worin wir verloren gehen.

Wir sind dermaßen im Ich entfremdet, dass wir es nicht länger als etwas Fremdes erkennen. Wir verwechseln uns mit dem Ich, das in der Folge mit anderen Ichs verwechselt wird. Wir können uns nicht mehr von anderen unterscheiden, versuchen sie nachzuahmen, anstatt ihren Wert als etwas von uns Verschiedenes zu erkennen. So reduziert sich unsere Beziehung zu Gruppen und Gemeinschaften auf Nachahmung, darauf, so zu sein wie die anderen, anstatt uns zu unterscheiden, anstelle einer schöpferischen argumentativen Auseinandersetzung mit ihnen. In diesem Prozess wird politisches Handeln zu reiner »Identifikation«, Nachahmung, Grundlage der »Gruppenpsychologie«, die dem bürgerlich-individualistischen Freud solche Angst vor den Massen einflößte.

Letztlich haben wir uns reduziert zu einem Selbst-Bild als getrennte, isolierte Individuen, eingeschlossen im Ich. Wir versuchen vergeblich, uns durch das Ich wiederzufinden, jenes Ich, das uns von unserer Welt abschneidet. So wird uns diese Welt fremd, ein Produkt der Entfremdung, ein bedrohliches, »dunkles«, Angst machendes Unbewusstes – anstelle der umfassenderen Fundierung unseres Daseins im Ensemble der gesellschaftlichen Verhältnisse, die uns zu dem machen, was wir sind, und in der kollektiven Anstrengung für eine bessere Welt mit größerem Respekt für den Planeten, den wir bewohnen.

Das Ich, in dem wir umso entfremdeter sind, gerade wenn wir uns einbilden, der Welt zu entkommen und uns zu schützen, ist somit unter anderem die Kristallisation des bürgerlichen und kolonialen ideologischen Alltagsverstands. Dieses Modell des Menschseins wurde der ganzen Welt durch Kolonialismus, Imperialismus und den globalisierten Kapitalismus aufgezwungen. Es ist ein vermeintlich zivilisiertes und implizit weißes männliches Ich, das spricht, als würde es die entwickelte Welt vor der Barbarei bewahren, aber es ist selbst barbarisch. Es wird als die einzige rationale Kraft präsentiert, doch seine »Rationalität« ist zutiefst irrational.

Die Logik, die durch das Ich verstetigt wird, ist die der instrumentellen Wissenschaft, die darauf abzielt, die Natur vorauszuberechnen und zu beherrschen, um sie zu unterjochen und auszubeuten, stets mit dem ultimativen Ziel der Profitgewinnung fürs Kapital. Dieses Unterfangen, das jetzt die ökologische Zerstörung unseres Planeten zur Folge hat, liegt den Fachrichtungen der medizinischen Psychiatrie und Psychologie zugrunde. Es geht einher mit einer eigentümlichen Pathologie der Normalität, destruktiver stereotypischer männlicher Rationalität, einer »Geisteserkrankung« des sogenannten Normalmenschen unter kapitalistischer und kolonialer Herrschaft. An diesem Punkt wenden wir die Metapher der »Krankheit« gegen die Mächtigen des Psy-Komplexes, die sie so oft gegen uns einsetzen.

In der Psychiatrie verwendet die instrumentelle Vernunft ein Krankheitsmodell, um unser Leiden zu behandeln, als wäre es eine Krankheit, und blendet dabei die Tatsache aus, dass es die heutige Gesellschaft ist, die »krank« ist. Es ist die gleiche Rationalität wie in der wissenschaftlichen Forschung, die lediglich pragmatischen, Profit versprechenden privaten und staatlichen Förderprogrammen zuarbeitet – Förderung, die sich um die Einzigartigkeit eines jeden Subjekts nicht schert und schöpferische Arbeit genauso geringschätzt. Diese Art Wissenschaft häuft Wissen an, als sei es Kapital, als seien die »Fakten« Waren, häufig unzugänglich und als kommerzielle Artikel gehandelt, die der Geheimhaltung unterliegen. Kein Wunder, dass in diesem ideologischen Kontext Verschwörungstheorien über das Wesen der Macht in der Welt gedeihen.

Psychoanalyse arbeitet mit dem Subjekt, das durch die Hand instrumenteller Wissenschaft leidet. Unsere psychoanalytische »Wissenschaft« ist völlig anders. Sie ist nicht instrumentell, sondern ökologisch. Sie nimmt die wechselseitige Beziehung zwischen Dingen und unserem Platz in der Welt wahr, sieht den:die Aktivist:in nicht als Objekt, sondern als Subjekt.

Ethik

Die dem Ich innewohnende normale Pathologie hat auch das psychoanalytische Feld unterwandert. Eine vorherrschende, durch Freud selbst eingeführte ideologische Lesart des klinischen Ziels der Psychoanalyse lautet: »Wo Es war, soll Ich werden«. Als müsste das zerstörerische illusorische Zentrum des bürgerlichen Menschen befestigt werden gegen die Andersheit, die sich in ihm und um ihn herum, in uns und um uns herum befindet. Diese Vorstellung von der Stärkung des individuellen Ichs drückt den äußerst bürgerlichen Aspekt der Psychoanalyse aus und deckt einen zentralen Widerspruch in Freuds eigenem Werk auf.

Das Bild des starken Ichs ist verknüpft mit einem Bild der Unterwerfung der Natur, das zu Freuds Zeit gängig war und durch ökosozialistische Politik massiv infrage gestellt wurde. Freuds Aussage zum Ziel der Psychoanalyse, das in einer Stärkung des Ichs gegen das besteht, was »Es«, ihm fremd und unbewusst ist, geht mit der oft zitierten Behauptung weiter, dass diese Arbeit »Kulturarbeit« sei, vergleichbar mit der Trockenlegung der Zuiderzee in den Niederlanden.

Die bürgerliche Vorstellung von Psychoanalyse reduziert sie zu einem Instrument im für die Moderne typischen Kampf des menschlichen Ichs gegen die Natur, gegen das »Es«, gegen das Unbewusste. Indem wir uns von dieser Lesart distanzieren, kehren wir zurück zur ethischen Fundierung der radikalen Psychoanalyse als einer kritischen Psychologie, in der wir danach streben, wir selbst zu sein, wo »Es« war; es nicht zu verdrängen, sondern darin den weiteren Bereich einer radikalen fortschrittlichen Subjektivität zu finden. Es ist möglich, diese Aussage zu den Zielen der Psychoanalyse aufzugreifen und neu zu lesen und dabei zunächst einmal hervorzuheben, dass die Trockenlegung der Zuiderzee faktisch ein Werk der Rückgewinnung war, das den Menschen erlaubte, auf dem so entstandenen Land zu leben. Es war bei weitem keine Vertreibung von Natur, sondern beinhaltete einen neuen Weg des Lebens in ihr und mit ihr. Möglicherweise ist das Gleiche durch psychoanalytische Arbeit zu erreichen.

Lasst uns die Psychoanalyse als eine radikale Kraft zurückgewinnen und geltend machen: »Wo Es war, soll Wir sein«. Wir können leben als Menschen mit Geschichte, mit unserer Vergangenheit und Zukunft, mit Interessen und Begehren, mit Ideen und gemeinsamen Idealen, wo zurzeit nur gedankenlose Wiederholung und Erinnerungsverlust, Demagogie und Spektakel, Roboter und Daten, Zahlen und Todesopfer, Dinge und Beziehungen zwischen Dingen, Waren und Tauschwert, Kapital und Geschäfte zu finden sind.

Wo der Kapitalismus repetitiv und automatisch arbeitet, muss stattdessen unser Leben, unsere Wahrheit, unser Denken, unsere Erinnerung sein, eine Art radikale »Wiederholung«, die Neues eröffnet, statt lediglich zu kopieren, was vorher da war. Wir müssen erinnern, reflektieren und handeln, um uns von der Trägheit der Ökonomie und Ideologie zu befreien. So wie die Kolonialherren etwas über ihren Platz in der Welt und ihre Geschichte lernen müssen, sofern sie sich ernsthaft davon lösen wollen.

Die Psychoanalyse zeigt uns, dass durch konstruktive, fortschrittliche Beschäftigung mit dem Unbewussten, mit dem, was uns unbewusst ist, tatsächlich sein kann, was »Wir sein soll«. Allerdings, und das ist eine immens wichtige Lehre aus antikolonialen Kämpfen, sind wir nicht dazu verurteilt, in allen geschichtlichen und kulturellen Zusammenhängen stets die Gleichen zu sein. Wir können nicht sagen, ob ein bestimmter Aspekt unserer Psychologie zeitlos und universell gültig ist; das gilt auch für heutige Theorien über das Unbewusste.

Freuds Werk eröffnete einen Weg zum Verstehen dessen, was anders ist als wir und wie wir einen verdeckten Zusammenhang und Hintergrund zu unserem bewussten Handeln herstellen und uns darauf beziehen. Aber dieses Verstehen muss ständig überarbeitet werden, wenn wir nicht in die ideologische Falle tappen wollen, das »Unbewusste« zu einer Art Behälter innerhalb unseres Kopfes zu machen oder zu einem mystischen Bereich mit einer religiösen Botschaft. Was Freud entdeckt hat, liegt nicht außerhalb dieser Welt, sondern ist in einer Kultur und in einem geschichtlichen Moment verortet. Die Psychoanalyse muss sich ihres kulturell und historisch spezifischen Charakters als Diagnose und Behandlung zeitgenössischen Leidens in der westlichen Welt bewusst bleiben.

Gegen eine zerstörerische Ideologie wissenschaftlicher Erkenntnis, die im Westen entstand und als Teil des Kolonialismus genutzt wurde, um uns voneinander abzusondern und in Objekte zu verwandeln, machen wir alles, was positiv war an dieser historischen Entwicklung, dergestalt wieder nutzbar, dass wir besser verstehen, wie wir auf einer tiefen unbewussten Ebene mit anderen verbunden sind. Es gibt kein »kollektives Unbewusstes« der Art, mit der mystizistische westliche Autor:innen hausieren gehen, die wettmachen und ausgleichen wollen, was uns durch ihre wissenschaftliche Vernunft angetan wird. Aber es gibt Möglichkeiten für kollektives Handeln, in dem wir entdecken und aktivieren können, was uns in unserer Beziehung zu anderen unbewusst ist. Wir müssen uns gewiss sein, dass wir mehr sind und mehr tun können, als sich unser in bestimmten Formen von Wissenschaft und Ideologie gefangenes individuelles Bewusstsein vorstellt.

Was uns befreien wird, sind weder esoterischer Mystizismus noch imperialistischer und pauschalisierender wissenschaftlicher Dogmatismus. Im Gegensatz zur globalisierten westlichen »Wissenschaft« wertschätzen wir, was am menschlichen Subjekt einzigartig ist und was andere Zivilisationen und indigene Kulturen aus ihren eigenen Quellen entwickelt haben. Wir wissen, dass wir den Spiegel des Westens und unseres Ichs zerbrechen müssen, um zur Welt und zu uns selbst zu gelangen. Unsere Zukunft liegt jenseits unserer gegenwärtigen patriarchalen und kolonialen bürgerlichen Individualität.

Gegen die falsche, entfremdete Rationalität des individuellen Ichs setzen wir daher unsere Hoffnung und unsere politische Energie in die Erschaffung fortschrittlicher kollektiver Alternativen, die einer anderen Logik folgen, einer Logik des Unbewussten, die mit ihm arbeitet, in ihm Aspekte unserer Subjektivität und unseres Menschseins findet. Wir idealisieren das Unbewusste nicht, aber wir erkennen an, welche Rolle es dabei spielt, uns zu formen, genauso wie wir es durch unser kulturell-politisches Handeln bereits kollektiv geformt haben und dann zum Schweigen gebracht wurden. Was nicht gesagt wird oder gedacht werden kann, ist uns weiterhin gegenwärtig. Es mag befreiend sein, aber es bleibt verborgen, üblicherweise uneingestanden.

In dieser elenden Welt treten wir gegeneinander an, anstatt uns in kollektivem Kampf zu verbinden. Wir trennen uns, stellen uns einander entgegen, verlieren uns in dem, was wir sind. Aber wir sind immer noch hier, untereinander, im Unbewussten. Die Psychoanalyse richtet die Aufmerksamkeit auf diesen Bereich menschlicher Tätigkeit, einen Bereich, der unerlässlich ist für uns als sprechende Wesen, menschliche Wesen, die Sprache nutzen, um uns über unsere Hoffnungen und Ängste auszutauschen und gemeinsam eine kritische Analyse der Welt zu erstellen – einer Welt, die wir ablehnen – und Bilder einer anderen Welt zu ersinnen, die wir erschaffen wollen.

Andersheit (in) der Psychoanalyse

Als menschliche Wesen sind wir in der Sprache zu Hause, sie ist die Grundlage unseres Seins. Aber wenn wir sprechen und versuchen, die Bedeutung eines jeden Wortes zu kontrollieren, versagen wir. Da ist etwas, das uns stets entschlüpft, unbegreiflich bleibt. Und in dieser elenden Welt wird dieses Unbegreifliche ideologisch als ein Unbewusstes strukturiert, das uns gegenüber »anders« ist. Diese Andersheit ist die unbewusste Dimension unseres Seins, die uns durch ihre Effekte auf merkwürdige, ungebetene Weise stets gegenwärtig ist als die Kehrseite der Sprache, die wir sprechen.

Andersheit ist der Bereich der Psychoanalyse. Die psychoanalytische Perspektive entwickelte sich in Europa, aber Freud war sowohl »europäisch« als auch von dieser Kultur getrennt. Möglicherweise kam er deshalb zu einem Wissen über das Unbewusste. Eine radikale psychoanalytische Perspektive ist untrennbar verbunden mit einer kulturell und geschichtlich bedingten Entfremdung von einer bestimmten Sprache, die ebenfalls durch ihre kulturelle und historische Ausprägung charakterisiert ist. Die Psychoanalyse, am Rande der westlichen Kultur entwickelt von Freud und seinen Anhänger:innen, von denen die meisten als Jüdinnen und Juden antisemitische Ausgrenzung erfuhren, war selbst das »Andere« gegenüber dieser Kultur und daher in einer sehr guten Position, um zu bemerken, was an den Rändern des »ehrenwerten« bürgerlichen Alltagsverstand-Bewusstseins lag, des Bewusstseins der Mächtigen.

Nun gibt es andere ausgegrenzte und randständige Dimensionen von Sprache. Diese Dimensionen werden sichtbar gemacht durch Proteste gegen Kapitalismus, Patriarchat, Rassismus, Neokolonialismus, Islamophobie, gegen die Ausgrenzung von Menschen mit Behinderung oder die Zerstörung des Planeten. Die Befreiungsbewegungen lassen uns Aspekte des Othering erkennen, Bilder und symbolische Repräsentationen des Unbewussten, die im Zuge der Globalisierung hervorgebracht wurden, einer Globalisierung, durch die sich die Psychoanalyse selbst weltweit verbreitete.

Durch die feministische Bewegung erkennen wir zum Beispiel, wie Freud sich auf Weiblichkeit als »dunklen Kontinent« bezog, mit der Folgerung, dass es eine tiefe Verbindung zwischen diesem »dunklen Kontinent« der Weiblichkeit und dem Unbewussten gebe. Das versetzt uns in die Lage, die Aufgabe der Psychoanalyse und die Aufgabe des politischen Kampfes in einer Weise neu auszurichten, die sowohl feministisch als auch sozialistisch ist.

Als politische Aufgabe stellt der Feminismus Männer vor die Wahl, entweder weiterzumachen mit ihrer machohaften individualistischen Machtausübung gemäß einer bestimmten »Rationalität«, der Rationalität des Ichs, oder an stärker intuitive, kollektive und sorgende Seinsweisen anzuknüpfen, die in der patriarchalen Gesellschaft üblicherweise und stereotypisch der Position von Frauen zugewiesen werden. Anders ausgedrückt: Werden wir etwas vom sogenannten dunklen Kontinent lernen, so wie Freud von den Hysteriker:innen? Oder werden wir das Unbekannte und Rätselhafte einfach weiter unterdrücken und ausbeuten, so wie es der Westen mit den anderen Kulturen in der Welt getan hat?

Die antikolonialen und antirassistischen Bewegungen wiederum zielen auf die Rückeroberung dessen, was ideologisch als ein barbarischer, unzivilisierter »dunkler Kontinent« dargestellt wird. Dieses fortschrittliche politische Ziel wirkt sich stark darauf aus, wie wir die Psychoanalyse neu lesen und so umgestalten, dass sie in der Praxis Seite an Seite mit diesen Bewegungen arbeitet. Bürgerliche Rationalität und das falsche Ziel der Stärkung des Ichs sind ein Symptom der untragbaren »Whiteness« kolonialer Vernunft.

Diese Whiteness des Seins wurde durch jene – Jüdinnen und Juden –, die die Psychoanalyse anfänglich entwickelten, implizit infrage gestellt, und wir verbinden uns jetzt mit dem, was uns unbewusst gemacht wurde, auf eine Weise, dass die Kritik an hegemonialer Whiteness explizit wird. Wir »färben«

die Whiteness ein, so dass sie nicht länger unsichtbar für uns ist, so dass sie nicht länger als bedrohliches Unbewusstes in uns und um uns herum wirkt.

Spaltung

Wir können Whiteness nur einfärben oder die gesellschaftlichen Verhältnisse entpatriarchalisieren, wenn wir uns bewusst sind, auf welch komplexe Weise Sprache wirkt und strukturiert ist. Als Erstes müssen wir erkennen, dass etwas in der Natur der Sprache liegt, in unserer Natur als sprechende Wesen, das uns spaltet, denn wir können nicht alles sprachlich ausdrücken. Diese subjektive *Spaltung* ist unvermeidbar. Wenn wir sprechen, müssen wir uns einem symbolischen System beugen, das wir nicht komplett beherrschen können. So werden wir zu gespaltenen Subjekten, beeinflusst durch etwas uns Unbewusstes. Unsere Spaltung ist unumgänglich. Wir müssen damit leben. Wichtig ist, wie wir uns diese Spaltung erklären und welche Bedeutung wir ihr geben.

Wir wissen, und Psychoanalyse arbeitet damit, dass die Erklärung für unsere subjektive Spaltung mit ideologischem Inhalt gefüllt ist, genau wie das Unbewusste selbst. Ideologie vermittelt die Erfahrung unseres gespaltenen Zustands. Dieser Zustand, in dem das Unbewusste als ein Ort fungiert, an dem sich unser Leiden ausdrückt, wird ideologisch externalisiert, verlängert und verschärft durch besonders entfremdende Spaltungen des Subjekts, die für das Leben im Kapitalismus typisch sind.

Wir alle sind durch das kapitalistische System und die es begleitenden Herrschaftsformen gespalten. Das Patriarchat zum Beispiel spaltet uns entlang einer Linie mit heterosexueller männlicher Herrschaft auf der einen Seite und auf der anderen jene, die beherrscht werden, die verunglimpfte Weiblichkeit oder andere sexuelle Orientierungen. Gleichermaßen spaltet uns der Kolonialismus entlang der Linie einer anscheinend rationalen Zivilisation und der Pathologisierung der sogenannten »Barbaren«, die es wagen, sich ihr zu widersetzen.

Die ideologischen Ausdrucksformen unserer subjektiven Spaltung in dieser entfremdeten Welt werden in der Praxis der Befreiungsbewegungen angeprangert, neutralisiert und überwunden. Antikapitalist:innen, Antikolonialist:innen, Antirassist:innen, Feminist:innen, Lesben, Schwule, Transsexuelle, Queer-Aktivist:innen und andere, viele andere, haben erfolgreich dafür gekämpft und kämpfen weiter dafür, uns von individualisierter Macht und instrumenteller Wissenschaft zu befreien, die eine wirkstarke herrschende Vorstellung davon verfestigt, was mächtig sein bedeutet. Sie eröffnen einen Weg, einen psychoanalytischen Weg zum Unbewussten, gegen Mächte, die unseren gespaltenen Zustand ausnutzen, um uns mittels der Verfestigung eines individuellen Ichs zu beherrschen, das mit kolonialem und patriarchalem Kapitalismus identifiziert wird. Unserem Ich die Stirn bietend, können Befreiungsbewegungen uns befähigen, der Selbst-Beherrschung und dem Selbst-Betrug ein Ende zu setzen. Wir können Verrat und Herrschaft hinter uns lassen.

Das Unbewusste wird durch unser Sprechen ins Leben gerufen, wenn wir interagieren. Es existiert nicht vor unserem Dasein in Beziehungen als sprechende Subjekte. Es braucht uns, uns alle und nicht nur jede:n Einzelne:n, um durch das, was wir einander sagen, zu existieren. Aber gerade darum, und das ist entscheidend für die progressive politische Rolle der Psychoanalyse, kann uns das Unbewusste mit kollektivem Handeln verbinden. Es kann uns somit helfen, uns zurückzugewinnen, uns von dem zu befreien, was unser kollektives Dasein, unsere freie Assoziation niederhält, unterdrückt, erstickt.

Möglicherweise werden wir die Spaltung des Subjekts nie überwinden. Wir können nicht sagen, ob diese Spaltung jemals heilbar ist, vielleicht nicht, aber der Schmerz dieser Trennung lässt sich lindern. Erleichterung kann Mitarbeit in Befreiungsbewegungen verschaffen, das Infragestellen der

Ideologie, wie es die psychoanalytische Methode in der Praxis und eine fortschrittliche Neubestimmung der Psychoanalyse bieten, die sich mit explizit politischem Handeln verknüpft. In den folgenden Kapiteln werden wir ausführlicher über die Methode der »freien Assoziation« sprechen, die das Unbewusste so anzapft, dass es zu uns spricht, statt nur durch unser Sprechen ins Leben gerufen zu werden.

Wir brauchen also Psychoanalyse im Verbund mit und geprägt durch kollektiven Kampf. Wir brauchen eine Theorie und Praxis, welche die ideologische Darstellung der subjektiven Spaltung, die das Unbewusste als etwas bloß in uns und für uns Bedrohliches erschafft und verewigt, kritisch angeht. Der Feind steht auch außen, und dort müssen wir ihn bekämpfen. Neben der Arbeit in der psychoanalytischen Praxis besteht die politische Aufgabe, unbewusste Kräfte zu mobilisieren, während wir analysieren, welche Kräfte Ideologie verfestigen und welche unserer Freiheit dienen. Wir müssen analysieren und sprechen und handeln, um Geschichte zu machen, statt sie bloß zu wiederholen. Nächstes Thema: *Wiederholung*.

3. Wiederholung: Geschichte, Zwang und Freiheit

In einer entfremdeten, durch Ausbeutung und Unterdrückung gekennzeichneten Welt, einer Welt, in der wir auch von uns selbst entfremdet sein müssen, um zu unserer eigenen Ausbeutung und Unterdrückung beizutragen, leben wir mit Entfremdung als etwas uns Unbewusstem. Wir kennen die fremden Mächte nicht, die uns lenken und ständig in die gleiche Art Situation bringen. Wir wissen nur, dass wir uns zum wiederholten Mal in der gleichen misslichen Lage befinden und uns nicht endgültig daraus befreien können. Das ist der Charakter der *Wiederholung*, ein grundlegender Begriff in der Praxis der Psychoanalyse. In der psychoanalytischen Sitzung erleben wir Menschen, die versuchen, toxischen und zerstörerischen Beziehungen zu entkommen, sich einbilden, davon frei zu sein, und dann die gleichen Muster mit neuen Partner:innen wiederholen.

Wir unterliegen der wiederkehrenden Natur von Sprache, von familiären, kulturellen und ideologischen Wörtern, Sätzen und Geschichten, die uns stets das Gleiche darüber erzählen, wer wir sind und was für uns unerreichbar ist. Jeder Versuch der Veränderung führt uns auf einem anderen Weg an den gleichen Ort. Und wir sind symbolisch und körperlich der Wiederholung von widersprüchlichen, falschen Lösungen gesellschaftlich strukturierter materieller Probleme ausgeliefert.

Die Illusion, dass etwas anderes passieren müsse, verstellt dann auch den Blick auf die tieferliegende tatsächliche Natur von Wiederholung und Scheitern. Wir glauben, wir würden die Wiederholung unterbrechen, wenn wir die Partner:innen wechseln, aus unserer Erfahrung lernen oder bestimmte Verhaltensweisen ändern. Aber letzten Endes passiert immer wieder dasselbe.

Kaum verwunderlich, dass von solch wiederkehrenden Schemata der Flucht und der unabsichtlichen, unbewussten Wiederholung sehr alter Beziehungsmuster in neuen Zusammenhängen auch linke Organisationen heimgesucht werden. Auch diese Organisationen wiederholen toxische und zerstörerische Beziehungen sowie Situationen von Missbrauch, Unterdrückung, Intoleranz, Gewalt, Entmutigung, Langeweile, Kummer und Zerwürfnis. Es mag stimmen, dass wer nicht aus der Geschichte lernt, dazu verdammt ist, sie zu wiederholen, aber offenbar führt selbst dieses Lernen stets wieder in die gleichen Sackgassen.

Wir brauchen dringend eine psychoanalytische Perspektive darauf, wie Geschichten des Scheiterns sich auf Befreiungsbewegungen auswirken, die auf einer gewissen selbstzerstörerischen Ebene das wiederholte Einstecken von Niederlagen zu genießen scheinen, wie dieser Wiederholungszwang sich als etwas Symptomatisches in unserer politischen Praxis manifestiert und wie wir die Freiheit erlangen können, zu erkennen, *was* wir da wiederholen, damit wir ein Scheitern vielleicht vermeiden oder zumindest besser scheitern und damit tatsächlich aus der Geschichte lernen können.

Geschichten des Scheiterns

Kapitalismus, Kolonialismus und Patriarchat haben eine gemeinsame Tiefenstruktur, die sich auf unsere Subjektivität und Fähigkeit auswirkt, mit bestimmten objektiven Bedingungen umzugehen, von denen wir wissen, dass sie für uns und unsere Kampfgenoss:innen zutiefst zerstörerisch sind. Es ist, als würde unser Leben durch unbekannte und unkontrollierbare Kräfte angetrieben, die dazu führen, dass wir uns konstant in derselben Situation wiederfinden. Es ist, als würden diese Kräfte uns davon abhalten, unser Leben zu ändern, und uns stattdessen zwingen, unsere Fehler und Niederlagen zu wiederholen. Tatsache ist, wir hören nicht auf zu wiederholen, was wir nicht wiederholen wollen. Das ist etwas, was die Linke nur allzu gut kennt.

Hier kommt das Unbewusste ins Spiel, das uns dazu treibt, die gleichen Schritte zu wiederholen, von denen wir sicher wissen, dass sie zu einem bösen Ende führen. Etwas in unserem geschichtlich hergestellten Wesen bestimmt unsere Geschichten des Scheiterns, zwängt sich ihnen auf und strukturiert sie. Und die Psychoanalyse zeigt uns, wie diese Geschichten uns in ihrem Griff halten, innerhalb und außerhalb der Praxisräume.

Unbewusste gesellschaftliche Strukturen – wie etwa in explizit ideologischen Botschaften, die denen nutzen, die über uns herrschen, und in Erklärungen des Alltagsverstands, die uns über den Charakter menschlichen Handelns täuschen – neutralisieren unsere Versuche, sie auszuhebeln. Wir müssen uns fragen, warum das so ist und wie dieser Prozess vonstattengeht. Das Problem ist: Diese Strukturen integrieren selbst unsere Versuche, sie zu durchschauen, und nutzen sie zu ihrem Vorteil. Auf die eine oder andere Weise bringen sie uns dazu, an der Wiederherstellung dessen mitzuarbeiten, was wir doch verändern wollten. Die Veränderungen scheinen rein oberflächlich zu bleiben. Was uns beherrscht, wird neu zusammengefügt und unter neuen Masken versteckt. Es wäre schon schlimm genug, würde dies ausschließlich auf der Ebene des kapitalistischen Staates und der Herrschaftsapparate passieren, die sexistische und rassistische Unterdrückung wiederholen, aber es ist noch schlimmer. Unbewusste Wiederholung bedeutet, dass uns dies nicht lediglich widerfährt. Wir tun es uns selbst an.

Neue Organisationsweisen lassen uns allzu oft am gleichen Ort landen, von dem wir aufgebrochen sind. Das ist nicht nur ein Problem der »alten Linken«, die ihre Lehrbücher nach Analysen vergangener Situationen durchforsten und vergeblich versuchen, diese Analysen auf die Gegenwart anzuwenden. Es gilt genauso für neue soziale Bewegungen, die meinen, sie hätten mit den gesellschaftlichen Strukturen gebrochen, am Ende aber ebendiese Strukturen, die sie unbewusst so gut kennen, unter neuen Bedingungen nachbilden.

In beiden Fällen ist es, als befänden wir uns in einem Labyrinth ohne Ausweg, in dem wir uns stets für die gleichen Strategien entscheiden, im abgezirkelten Feld erprobter Erklärungen verfangen bleiben; und logischerweise geht daraufhin alles, was wir beschließen, schief. Wir scheinen zu verändern, damit alles so bleibt, wie es ist. Unsere großartigen revolutionären Gesten sind nichts weiter als kleine Nachjustierungen und Umordnungen des Gleichen. Unsere Fähigkeit zur Erneuerung scheint sich so oft darin zu erschöpfen, neue Wege der Wiederholung des Vorhandenen zu finden, anstatt aus der gegenwärtigen Situation heraus etwas wahrhaft Neues zu erschaffen. Was auch immer wir tun, es läuft stets auf ungefähr dasselbe hinaus. Wir tun, was wir tun müssen. Wir verfügen nicht über unsere Geschichte. Sie scheint über uns zu verfügen.

Genuss

Diese Wiederholung ist unbewusst, und deshalb trägt sie nicht nur eine unheimlich bekannte Erzählung mit sich, die uns darin bestärkt, wer wir sind, sondern noch etwas, das oft schwer einzugestehen ist: *Genuss*. Ja, tatsächlich, wir erkennen es ringsum in den törichten, verfehlten Strategien unserer Genoss:innen und konkurrierender Organisationen, aber wenn wir selbst in diesem Genuss verfangen sind, fällt das Einbekenntnis schwerer. Wir genießen nicht nur den Triumph des »Wir haben's euch gleich gesagt«, wenn es mal wieder schiefgeht, sondern auch die Vorfreude auf einen bereits bekannten Ausgang und das Verdrängen der Angst, dass sich etwas Unvorhersehbares ereignet.

Nicht bloß die bürgerliche Psychologie ist besessen von »Vorhersage und Kontrolle«; auch wir sind dazu verdammt, die Vergangenheit zu wiederholen, gerade weil wir im Voraus zu wissen meinen, was passieren wird. Der Sprung in eine ungewisse Zukunft, der für die Praxis von Befreiungsbewegungen so essenziell ist, wird von ihnen allzu häufig sabotiert; und heraus kommt ein tödliches Einverständnis mit der Macht, anstatt ihr den Kampf anzusagen.

Es gibt einen weiteren Aspekt, den nur die Psychoanalyse treffend beschreiben und bearbeiten kann, um uns einen Weg hindurch zu zeigen, nämlich dass dieser sonderbare unbewusste Genuss mit Leiden verbunden ist. Natürlich leiden wir in dieser elenden Welt. Darum rebellieren wir und versuchen sie zu ändern. Aber zusätzlich zu dem, was uns als Menschheit verbindet, bringt die Geschichte dieses Elends – persönliches und politisches Leiden, das so miteinander verflochten ist, dass es uns dort festkettet, wo wir herkommen – eine Art des Leidens mit sich, die erkennbar die unsere ist.

Eine Frage, die uns aus dem Unbewussten heimsucht, ist, was wir wohl wären, wenn wir auf dieses Leiden verzichten müssten. Das verleiht Anschuldigungen gegen unsere politischen Feinde und im Anschluss Selbstbeschuldigungen solch einen giftigen Stachel. Sie verweisen auf das, was wir anstreben zu sein, und zeigen uns gleichzeitig auf, wer wir sind. Unsere Wunschbilder erlauben uns, unser eigenes Leiden zu genießen.

In der psychoanalytischen Praxis kann dieses widersprüchliche, genießbare Leiden entwirrt werden, wenn es sich in unserem Sprechen von einem scheinbar unlösbaren Widerspruch in ein Symptom verwandelt, das dann dialektisch in einer Weise strukturiert wird, die es ermöglicht, einen Weg hindurch und zu seiner Überwindung zu finden. Im politischen Raum ist diese enge Verbindung von Genuss und Leiden als ein Knoten aus Sprache und Gefühl deshalb so wirkungsvoll, weil es keinen Weg gibt, ihn aufzulösen. Denn es gibt in der politischen Praxis gegenwärtig nichts der psychoanalytischen Praxis Entsprechendes. Für den Umgang mit ihrem Genuss des Leidens und der Wiederholung haben Befreiungsbewegungen oft nicht die Mittel, um sich ihre Geschichte wiederanzueignen, sie für sich selbst zu besitzen und sie zu machen statt zu erleiden.

Üblicherweise machen wir unsere Geschichte nicht selbst, sondern erleiden sie, häufig als etwas außerhalb unserer Kontrolle und jenseits des Begreifens. Wir lassen uns von unerbittlichen Festlegungen davontragen, wie die durch patriarchalische Herrschaft geformte Familiendynamik oder die vom kapitalistischen Staat verteidigte zerstörerische Klassenstruktur. In beiden Fällen, wie auch im Fall von Rassismus und anderen Unterdrückungsformen, führt eine Mixtur aus Schweigen und ideologischer Mystifizierung zur unvollständigen Lösung eines jeden Problems, das aufgeworfen, uns als Hürde in den Weg geworfen wird.

Schwierigkeiten und Widersprüche, die nicht gelöst werden, werden wiederholt, und während wir sie durchleben, sind wir darin selbst Gegenstand der Wiederholung. Wir wiederholen, was wir in unserem Leben nicht lösen. Wir lösen es nicht, weil wir es nicht begreifen, weil wir nicht einmal genau wissen, was es ist, weil es uns zum Teil unbekannt ist, weil es zum Teil vergessen, unbewusst ist. Es muss wiederholt werden, weil es nicht erinnert werden kann.

Die Psychoanalyse lehrt uns, dass wir wiederholen, was wir nicht erinnern können, weil wir es unerträglich finden, zu demütigend, beschämend, schmerzlich, gar schreckenerregend und traumatisch. Was wir nicht einmal zu erinnern wagen, ist paradoxerweise genau das, was wir wiederholen müssen. Wiederholen ist ein unbewusster Weg, das zu erinnern, was unserem Bewusstsein unzumutbar ist.

Wir wiederholen das, was wir am wenigsten wiederholen wollen: unsere schlimmsten Niederlagen, die Misshandlungen, deren Opfer wir wurden, die Wunden, die uns zu dem machten, was wir sind, die Gesten, durch die wir bezwungen und unterworfen wurden, unser In-Ungnade-Fallen, unsere Kolonisation, die Ursprünge unserer Unterdrückung und Ausbeutung. All das wird wiederholt, selbst wenn es bekämpft wird. Unsere Kämpfe befreien uns nicht vom wiederholten Refrain unserer Geschichte. Diese Geschichte ist auch die Geschichte dessen, was wir ständig wiederholen.

Ob es uns gefällt oder nicht, und ob uns die Psychoanalyse gefällt oder nicht, die Geschichte selbst ist ein sich wiederholender Prozess von Versuchen und Fehlschlägen, die bestehende Ordnung der Dinge umzustürzen. Wir können nicht aufhören zu wiederholen und ein für alle Mal erfolgreich sein, weil wir

Geschichte nicht unter von uns selbst gewählten Bedingungen machen. Wir handeln unter vorgegebenen Bedingungen und gemäß unterschiedlichen Unterdrückungsmustern, die diese ausbeuterischen, entfremdenden Produktions- und Konsumtionsbedingungen zementieren. Diese Muster erfüllen auch eine entscheidende Funktion: Sie vereiteln die zwingend notwendige Bildung kollektiver Selbstorganisation.

Leiden

Uns wird nicht gestattet, uns selbst zu organisieren. Wir bekommen weder den Raum noch die Befugnis dafür, weil derlei Selbstorganisierung etwas Neues hervorbringen würde. Das Verbot des Neuen ist eine machtvolle Botschaft, die uns bewusst überbracht wird, aber ebenso auf einer unbewussten Ebene, wo sie schwerer zu bemerken und daher schwerer zurückzuweisen ist. So entsteht *Leiden,* wenn wir der Aufforderung zum Genuss nachkommen. Die Botschaft schreibt vor, dass alles wie gewohnt weiterfunktionieren muss. Unser Genuss und unser Leiden sind verknüpft in der Vorstellung, dass wir weiter durch das kapitalistische System organisiert werden müssen, um seine Ziele zu verfolgen – seine, nicht unsere –, und dass wir nur auf diese Weise glücklich sein können. Und wir fragen uns dann, warum wir nicht glücklich sind.

Wenn wir aus dieser Logik ausbrechen, uns weigern, dem kapitalistischen System Vorrang vor unseren eigenen Wünschen zu geben, dann ist da eine machtvolle Botschaft, die diese Logik wiederholt. Sie sagt uns, dass es angemessen ist, die Spielregeln zu akzeptieren, dass das System uns eine Menge gegeben hat, dass es schlimmer sein könnte, dass wir nicht aufbegehren sollten, weil wir damit unsere Familie, Freund:innen und Genoss:innen gefährden, dass wir uns für jeden Teilerfolg ebenso verantwortlich fühlen sollten wie für jedes Scheitern.

Im einen Moment fühlt es sich an, als würde dieser Kampf nie enden, die Welt sich nie ändern, und im nächsten, als ob die Resultate stets dieselben sind. Sie zwingen eine sich wiederholende, zerstörerische und selbstzerstörerische Logik von Arbeit und Konsum auf, von immer mehr Arbeit und Konsum, aber auch von höchst unterschiedlichen Routinen der Ausbeutung und Unterdrückung. Auf diese Weise müssen Klassenherrschaft, Rassismus und Sexismus sowie andere diskriminierende ideologische Praxen ihre Funktion wiederholen: die Anhäufung materieller Ressourcen zu ermöglichen, das Profitmachen und die Konzentration des Reichtums bei jenen, die als am besten geeignet gelten, die Bedürfnisse des Kapitals zu verkörpern und zu repräsentieren.

Anstatt also jedes Scheitern als neuerliche Überraschung, als weitere bittere Erinnerung daran zu behandeln, dass unsere Hoffnungen, die Welt zu verändern, auf das Reich der Phantasie beschränkt bleiben müssen, gilt es, einen tieferen und gefährlicheren Aspekt unseres unbewussten Lebens zu verstehen. Wir wiederholen, weil wir lernen zu wiederholen, weil wir nicht wissen, wie wir sonst handeln sollen, und nicht etwa, weil es ein »instinktives« Verhalten ist. Kein Instinkt bringt uns dazu, Leiden zu genießen. Scheitern ist uns als biologischen Organismen nicht einprogrammiert, sondern in unsere Geschichte als sprechende Wesen eingelassen, eine Geschichte, die um die Dimensionen von Klasse, Rasse und Geschlecht herum strukturiert ist, eine Geschichte der Herrschaft, die sich leider auch oft in genau den Organisationen wiederholt, die wir aufgebaut haben, um dieses elende System zu stürzen.

Unsere Befreiungsbewegungen wiederholen, was wir in der Familie leben. In der psychoanalytischen Praxis können wir sehen, wie die innige Verbindung zwischen Leiden und Genuss in unserer Familiengeschichte als eine Funktion unserer Sexualität hergestellt wird. Später, in politischen Organisationen, wird diese Verbindung in offenkundigeren Auseinandersetzungen um Status und Macht ausgelebt. Die Frage ist, wie wir uns aus diesem stillschweigenden Einverständnis mit Formen sozialer Beziehungen lösen können, von denen wir wissen, dass sie falsch sind, und wie wir Räume für Reflexion und Handeln eröffnen können. Es ist möglich, einen Weg in eine fortschrittlichere Richtung zu verfolgen, indem der Wiederholungszwang in das gewendet wird, was die Psychoanalyse als die Triebkraft des Symptoms begreift.

Zwang und Symptom

Das Wiederholen des Scheiterns und der Struktur hat eine erkennbare und verstehbare Seite. Wir wissen zum Beispiel sehr gut, wie groß die Versuchung für jene ist, die die Interessen der Arbeiter:innen vertreten, die Brosamen zu genießen, die die Unternehmer:innen ihnen anbieten. Ihnen kann arbeitsfreie Zeit zur Verfügung gestellt werden, in der sie sich mit den Chef:innen verbrüdern, vielleicht sogar bei gemeinsamen Getränken und Mahlzeiten rund um die Sitzungen; das zieht sie in einen Lebensstil voller Annehmlichkeiten, die sie nicht haben, wenn sie mit ihren Genoss:innen in den Fabriken und auf den Feldern zusammen sind.

Arbeiter:innen können von ihren Chef:innen so weit verführt werden, dass sie das Gleiche wollen wie sie, am Ende sogar deren Sieg – natürlich auf Kosten der Arbeiter:innen. So können Arbeiter:innen ihr eigenes Scheitern herbeiführen, indem sie ihr Begehren im Begehren des Anderen entfremden, indem sie den Diskurs des Anderen übernehmen, den Standpunkt des Gegners. Die auf lange Sicht schwerwiegendste Folge ist, dass sich bürgerliche Strukturen in einer Schicht der Arbeiter:innenbewegung einzunisten beginnen und sich die Werte der Unternehmer:innen, einschließlich der Fiktion von »gemeinsamen Interessen« und »Gemeinwohl«, durchsetzen.

Wir erkennen hierin eine materielle Grundlage für das bekannte marxistische Argument, dass Ideologie wirkt, indem sich die Weltsicht der Unternehmer:innen in der arbeitenden Bevölkerung verbreitet. In diesem Fall sind die herrschenden Ideen tatsächlich die Ideen der herrschenden Klasse. Es kommt zu einer Nachbildung von Ideologie und Struktur, einer Wiederholung auf manchmal bewusster, häufiger aber unbewusster Ebene.

Gewerkschaftsfunktionär:innen haben Privilegien, die sie dazu verleiten können, ihre Partikularinteressen als bürokratische Schicht innerhalb der Arbeiterbewegung zu vertreten. Auch hier kommt es zu einer *Nachbildung* von Ideologie und Struktur. Um dies zu bekämpfen, sind Forderungen nach Rechenschaftspflicht und Ämterrotation wichtig. Aber selbst mit derlei Maßnahmen ist es sehr schwierig, gewisse Effekte der strukturellen Bestimmtheit von Machtpositionen zu vermeiden. Genau so funktioniert auch der Kolonialismus, weshalb es einen gewissen Sinn ergibt, von der Kolonialisierung der Arbeiterbewegung durch die Werte und Ideologie der herrschenden Klasse zu sprechen.

Im Fall des Kolonialismus sehen wir, wie lokale Repräsentant:innen durch die Invasor:innen gekauft werden und schließlich eine bestimmte Klassenschicht bilden, die mehr mit den Kolonialherren gemeinsam hat als mit den Sklav:innen, zu denen sie einst gehörten. Wir kennen das Phänomen, wenn kolonisierte Subjekte in ihre Länder zurückkehren, sich kleiden und essen wie ihre Herren und sich dadurch von der heimischen Bevölkerung abheben. Mit diesem Genuss jedoch geht Leiden einher, und wir wissen auch, dass das kolonisierte Subjekt zerrissen ist zwischen der Loyalität gegenüber dem eigenen Volk und der gegenüber den Kolonialherren, gespalten, gepeinigt vom Schmerz der Komplizenschaft, zu der sie eingeladen sind.

Das Subjekt ist üblicherweise gespalten zwischen Nachbildung der herrschenden ökonomischen Struktur und Ideologie und der Verweigerung dieser Nachbildung. Es gibt jedoch noch etwas jenseits dieser Nachbildung, auf das ein psychoanalytisches Herangehen an Genuss und Leiden aufmerksam macht. Wiederholung ist nicht das Ergebnis einer bewussten Wahl, auch wenn es natürlich Krisenzeiten gibt, in denen die Subjekte entscheiden, wo ihre Loyalität liegt.

Solche Krisenzeiten sind deshalb so schmerzvoll, weil etwas über diese Wiederholung begriffen werden muss, das normalerweise unbewusst, unkontrolliert und zwanghaft ist. In der psychoanalytischen Sitzung manifestiert sich der Wiederholungszwang in Form des Symptoms, eines bestimmten Symptoms, das das Subjekt als Ausdruck von Konflikt und Schmerz mit sich herumträgt. Dieser psychische Schmerz hat eine materielle Grundlage, die eine eigenartige unbewusste Kombination aus persönlicher Lebensgeschichte und der Geschichte der Gesellschaft ist, in der den Menschen gesagt wird, wie sie zu genießen haben und wie sie leiden werden.

Im Alltagsleben im gegenwärtigen Kapitalismus gibt es also einen doppelten Prozess der Wiederholung. Der erste Aspekt wird gemeinhin verstanden als in der »Außenwelt« wirkend: durch die Wiederholung verschiedener Formen von Unterdrückung und Ausbeutung in gesellschaftlichen und institutionellen Beziehungen. Zu diesem Prozess hat die Psychoanalyse etwas Wichtiges zu sagen, weil materielle politisch-ökonomische Kräfte auch die Einzelnen in selbstzerstörerische Verhaltensmuster hineinziehen.

Diese Kräfte ködern und belohnen die Einzelnen für ein Verhalten, das materielle Strukturen von Herrschaft, Klasse und geopolitischer Macht reproduziert, ebenso jene der Familie und der Machtverteilung zwischen den Geschlechtern sowie zwischen »Behinderten« und Nicht-Behinderten. Manchmal gibt es zwischen jenen, die sich gegen die herrschenden Strukturen wehren, Widersprüche, die auf die unterschiedlichen Unterdrückungsstrukturen zurückgehen. Diese Widersprüche sind symptomatisch für das Problem, dass wir sowohl unterdrückt als auch voneinander gespalten sind. Daher kann unser Widerstand das Streben nach Freiheit ausdrücken. Er kann aber durch gewalttätige Wiederholung von unterdrückerischen strukturellen Reaktionen im Protest auch der Macht in die Hände spielen, anstatt sie anzugreifen. In diesem Fall entstehen Protestformen, die nicht Freiheit ausdrücken, sondern Unterdrückung.

Der zweite Aspekt dieses Wiederholungsprozesses wirkt ideologisch. Er ist eng verbunden mit der politisch-ökonomischen materiellen, strukturellen Ebene, aber ebenso eng mit der persönlichen Lebenswelt derer, die der Macht unterworfen sind, der sogenannten »Innenwelt«. Das ist die Welt, in der wir Zuflucht suchen, als könnten wir der Unterdrückung in uns selbst entfliehen. Aber das können wir nicht; es gibt keine Flucht in das individuelle Selbst. Wenn Subjekte über ihre Erfahrungen mit diesem Prozess sprechen, werden sie am Sprechen gehindert, ihr eigener Standpunkt wird delegitimiert und ihre Berichte werden systematisch verzerrt.

Die Widersprüche, die hier auftauchen, sind ebenfalls symptomatisch, das heißt, es eröffnet sich ein Konflikt zwischen wiederholter Klage, gefolgt von Scheitern, die etwas über Unterdrückung aussagt, und der Art von Begehren, in der sich Freiheit ausdrückt. Die Aufgabe in der psychoanalytischen Praxis besteht deshalb darin, den Subjekten das Sprechen zu ermöglichen, sie zu befähigen, etwas über ihre Erfahrung und ihr Begehren zu sagen. Und hier wird Psychoanalyse natürlich politisch bzw. entpuppt sich als das, was sie stets ist, denn wie der sozialistische Feminismus verkündete: Das Persönliche ist politisch, oder wie wir in der Psychoanalyse sagen: Das Unbewusste ist Politik.

Das Vergessen des Unbewussten lässt uns die Politik vergessen. Das kann passieren, wenn ideologische oder ökonomische Wiederholung uns an das, was wiederholt wird, gewöhnt, es versteinert und naturalisiert, es als unvermeidlich erscheinen lässt, als eine notwendige Wirkung der Kraft der Dinge oder der menschlichen Natur. Psychologie und andere Wissenschaften greifen hier ein und bieten uns Menschenbilder an, mit denen das Wiederholte gerechtfertigt, rationalisiert, verallgemeinert und entpolitisiert wird. Dann vergessen wir die Politik, weil wir vergessen, dass Wiederholung geschichtlich ist und von denen, die ihr unterliegen, von uns, den Subjekten, unterbrochen werden kann. Die Psychoanalyse erinnert uns daran, dass es diese Subjekte gibt. Sie lässt sie zu Wort kommen, hört sich an, was sie über ihre Symptome zu sagen haben, und sollte uns daher helfen, das, was wiederholt wird und sich im Symptom ausdrückt, zu re-politisieren.

Wenn Wiederholung zwanghaft wird, zum Wiederholungszwang auf der Ebene des Subjekts wird, den die Psychoanalyse behandelt, kann sie sich zum Symptom verdichten. Vergesst nicht, dass das Symptom im Grunde ein Konflikt ist, aber ein Konflikt besonderer Art. Es ist ein Konflikt, in dem ein Begehren oder Wunsch auf ein Verbot, eine Unterdrückung stößt. Der Konflikt zwischen dem, was begehrt wird, und den Kräften, die es niederhalten, aussperren, unterdrücken, ist komplizierter, als es scheint. Und die zusätzliche Verwicklung, die die Psychoanalyse in das Bild einfügt, hat weitreichende Folgen dafür, wie wir den politischen Kampf begrifflich denken. Im fortschrittlichen politischen Kampf stößt ein Begehren nach Freiheit – und nach weit mehr: nach einer Welt, in der wir alle frei sein werden – auf die Herrschaftsformen, die Kapitalismus, Kolonialismus und Patriarchat gegen uns mobilisieren. Das heißt, Begehren stößt auf Unterdrückung.

Wir müssen allerdings achtgeben, dass wir die zunehmend auftauchenden Wünsche nach Veränderung als geschichtlich hergestellt behandeln und nicht als Ausdruck bereits vorhandener universeller Kräfte, die gleichsam aus dem Inneren eines jeden Individuums oder menschlichen Gruppen entspringen. Das Begehren nach Freiheit unter den elenden Bedingungen des 21. Jahrhunderts unterscheidet sich deutlich von vergleichbarem Begehren in anderen geschichtlichen Epochen. Ja, sicher, es gibt im menschlichen Wesen eine gestalterische Kraft, die von den Herrschenden verzerrt und niedergehalten wird; und ja, das war wohl schon immer so.

Unsere Wünsche, unser Begehren, mit dem wir heute gegen aktuelle Herrschaftssysteme vorgehen wollen, sind von uns selbst erschaffen, geschichtlich erschaffen von uns als geschichtlichen Wesen. Dieses Begehren drückt sich derzeit im Bild einer anderen Welt aus, die gekennzeichnet ist durch kollektive Verfügung über Ressourcen, Abschaffung rassistischer Segregation, gleichberechtigte Teilhabe von Frauen, Inklusion von Körpern unterschiedlicher Art und Erhalt des Planeten. Unsere Forderungen sind Antworten auf das, was uns in dieser Welt zurzeit verwehrt wird.

Es gibt natürlich das verbreitete Klischee, dem zufolge die Psychoanalyse das Individuum als eine Art Druckkochtopf betrachtet, mit Instinkten, die zum Ausbruch drängen. Dieses Klischee ist bequem für jene, die unseren Kampf herabwürdigen wollen zu einer Art Groll gegen natürliche zivilisierte Verhaltensregeln in einer Gesellschaft, die die Bedürfnisse der Einzelnen gegen die Bedürfnisse der vielen abwägen muss. Was unsere Psychoanalyse zum Konflikt zwischen Begehren und Unterdrückung aussagt, unterscheidet sich stark davon. Es ist die Form der Unterdrückung, die selbst Formen des Begehrens hervorbringt. Es ist just das Verbotene, das ins Leben gerufen, angestachelt, heraufbeschworen wird, und dieses verbotene Begehren kann dann in reaktionärer oder fortschrittlicher, selbstzerstörerischer oder gestaltender Weise zum Ausdruck gebracht werden.

Ein verbotenes Begehren kann eine subversive Form der Befriedigung suchen, die den verschiedenen Unterdrückungsmechanismen, die die Gesellschaft in ihrem jetzigen Zustand verfestigen, die Stirn bietet. Es kann aber auch einen Weg der Anpassung nehmen, mit einträglicher, ausbeutbarer Befriedigung im Kapitalismus, der Unterdrückung mit sich bringt, seinem Wesen nach unterdrückerisch ist. Die zwei Ausdrucksformen desselben Begehrens können auf der Ebene des Individuums einen Gegensatz bilden, aber auch auf der Ebene der Gesellschaft. Es gibt eklatante Widersprüche zwischen den Perspektiven von Drogenhandel und der Bewegung zur Legalisierung von Drogen, von Pornografie und sexueller Befreiung, Fundamentalismus und Antikolonialismus, Schwarzem Kapitalismus und antikapitalistischem Antirassismus, Öko-Kapitalismus und echter Ökologie.

In allen Fällen wird eine Wahrheit durch ihren unterdrückten und unterdrückerischen, mystifizierten und neu zusammengesetzten Ausdruck bestritten. Es ist der gleiche Prozess, der in jedem individuellen Dasein stattfindet, wo Begehren nicht umhinkommt, seiner Komposition und Ausrichtung durch Unterdrückungsmechanismen ins Auge zu sehen. So wie das Individuum in der psychoanalytischen Praxis darum ringt, Unterdrückung zu verstehen und fundiert zu entscheiden, was es will, ist es auch im politischen Bereich, wenn wir kollektiv debattieren und Organisationsformen schaffen, die ganz anders funktionieren als die Unterdrückungsformen, die unser Begehren zu manipulieren versuchen, es ausbeuten und uns vom Sprechen und Handeln abhalten.

Widerspruch

Diese Konflikte verdichten sich zu einem Symptom, wenn die psychoanalytische Begegnung das Subjekt in die Lage versetzt, den scheinbar unlösbaren Konflikt in einen *Widerspruch* zu verwandeln. Dieses Symptom kann dann dialektisch bearbeitet werden. Aus bestehenden starren Bedingungen für mögliches Handeln werden neue Möglichkeiten erschaffen. Das ist eine Aufgabe in der psychoanalytischen Praxis, die zugleich eine politische Aufgabe ist, denn sie erfordert es, die gelebten Erfahrungen der Subjekte zu verknüpfen mit einem kritischen, reflektierten, dialektischen Begreifen der Beziehungsgeflechte, die sie zu denen gemacht haben, die sie sind.

Wenn konventionelle Psychologie und psychologisierte Psychoanalyse tendenziell unpolitisch erscheinen, dann deshalb, weil sich ihre Politik üblicherweise am Herrschenden und Sich-Wiederholenden ausrichtet. Das ist keine echte Alternative, denn es unterscheidet sich nicht von bestehenden Möglichkeitsbedingungen, die das Handeln einschränken und gewisse Verbote auferlegen. Die Einzigartigkeit des Subjekts ist eine politische Angelegenheit. Sie macht es uns möglich, uns gegen den konventionellen konservativen Psy-Komplex zu verwahren, der uns gegenwärtig beherrscht und jede radikale Alternative zudeckt und verschleiert. Das liegt daran, dass die Psy-Profis dazu neigen, beinahe allem ihre eigene Richtung und Färbung aufzudrücken, und dass ihre Theorien über die Vorteile der Anpassung durch nahezu alles, was uns in dieser Welt angetan wird, unablässig wiederholt werden.

Diese Politik der Anpassung wird dem Subjekt aufgezwungen, wenn die Psycholog:innen von dem ihnen eingeräumten Platz aus sprechen und das Leben der »Klient:innen« auf der Basis des Wissens interpretieren, das sie als Profis darüber haben, was psychologisch normal und daher gesellschaftlich verpflichtend ist. Wir wissen das ebenfalls schon, denn es wird unablässig wiederholt. In der psychoanalytischen Praxis reicht es beinahe, das Subjekt sprechen zu lassen und aufmerksam und geduldig zuzuhören – wie es in der Psychoanalyse sein sollte –, um am Ende eine andere Politik zu entdecken: die des Begehrens des Subjekts und seiner Erfahrung der Wiederholung. Hier steht der Raum der psychoanalytischen Sitzung in krassem Gegensatz zur Funktionsweise der Wiederholung des kapitalistischen Systems. Er entspricht nicht den Normen dieses Systems oder seinen Standards der Vorhersagbarkeit, der Anpassung und scheinbaren Flexibilität.

Das Subjekt handelt »normal«, wenn es sich vorhersagbar verhält, sich wieder und wieder als durchsetzungsfähig, besitzergreifend und konkurrierend erweist, wenn es nur sagt, denkt und fühlt, was es soll, sein Begehren und seine Erfahrung zum Schweigen bringt und durch Arbeit und Konsum zur Wiederholung und Vervielfältigung der unterdrückerischen und ausbeuterischen materiellen Operationen des Kapitalismus beiträgt. Den Subjekten ist erlaubt, ja sie werden sogar dazu ermutigt, flexibel zu sein innerhalb der Grenzen, die ihnen in puncto Identität, Lebensstil, Klassenzugehörigkeit gesetzt sind. Die Früchte dessen können geerntet und als »Marktnische« an sie zurückverkauft werden.

Diese ideologischen und sozioökonomischen Wiederholungen sind untrennbar verknüpft und stützen einander. Ihre zunehmend unentwirrbare Verflechtung ist eine der größten Stärken des gegenwärtigen neoliberalen kapitalistischen Systems und eine der größten Herausforderungen für diejenigen, die es bekämpfen.

Das grundlegende und allumfassende Problem, vor dem wir heute stehen, ist, die materiellen und ideologischen, strukturellen und symbolischen Aspekte von Herrschaft und Widerstand zu verknüpfen: die dem globalen Kapitalismus innewohnende Komplexität – und dass uns in den linken Organisationen und Befreiungsbewegungen nur verquere und unvollständige Lösungen zur Verfügung stehen. Zumindest können wir die zwei gegnerischen Kräfte deutlich sehen, beide gefangen in Wiederholung. Auf der einen Seite, der Seite der Macht, nimmt der zwanghafte Trieb zur Akkumulation und zum Schutz des Kapitals, der Früchte der Ausbeutung, einen obsessiven und wiederholenden Charakter an. Auf der anderen Seite, der Seite des Widerstands, stecken die linken Organisationen allzu oft in der Wiederholung ihrer eigenen Geschichte des Scheiterns fest und wiederholen die gleichen Fehler.

Die Geschichte der Klassenkämpfe und der grundlegendere Prozess der Befreiung von verschiedenen Formen der Unterdrückung ist eine Geschichte der Wiederholung und des Scheiterns, aber – nicht zu vergessen – auch manchmal glücklicher und oft tragischer Zufallsereignisse, die völlig außerhalb unserer Kontrolle liegen. Dies ist der unendliche, fast unerträgliche sich wiederholende Kontext, der dann im Leben der Individuen nachgebildet wird. Die Individuen werden darin bestärkt, sich einzubilden, sie seien frei und unabhängig von diesem doppelten materiellen und ideologischen historischen Prozess. Daher fühlen sie dieses Scheitern umso tiefer. Sie können die Hinweise nicht ertragen, wie wenig Macht sie über ihr eigenes Leben haben. Auch wissen sie nicht, wie umgehen mit Wiederholung und deren eisernem Gesetz, mit Notwendigkeit und Zufall, Verhängnis und Schicksal. All dies komplexe Material bearbeitet die Psychoanalyse.

In der Psychoanalyse sprechen die Individuen, versuchen »frei zu assoziieren«, alles zu sagen, was ihnen in den Sinn kommt, offen und unzensiert. Sie versuchen etwas Neues zu sagen, etwas Unbekanntes, aber sie scheitern. Indem sie scheitern, hören sie sich die gleichen alten Geschichten wiederholen, die ihnen über sie selbst erzählt wurden, jene, die sich in ihrem Leben herauskristallisiert haben. Diese Geschichten müssen wiederholt werden, damit keine anderen Geschichten aufkommen oder erzählt werden. Freie Assoziation offenbart den Subjekten, an welchen Stellen in ihrem eigenen Sprechen sie nicht alles ausdrücken können und, noch wichtiger, wo es Blockaden, Hindernisse für das Sprechen und Handeln gibt. An diesen Punkten scheint ein anderes Gesicht der Wiederholung auf: die Wiederkehr von Konflikt, ein Konflikt, der sowohl Begehren als auch Unterdrückung in sich trägt.

Dadurch wird der Wiederholungszwang entlarvt und in einem Symptom verdichtet, das in einen dialektisch gestalteten Widerspruch im Kern des Daseins des Subjekts überführt werden kann. Das öffnet neue Wege, schafft neue Möglichkeitsbedingungen für Sprechen und Handeln. Diese psychoanalytische Arbeit ist keineswegs ein perfektes Modell für den politischen Kampf, und wir schlagen nicht vor, sie solle als solches dienen. Aber sie bietet denen schlagkräftige Lektionen, die außerhalb der psychoanalytischen Praxis gegen Herrschaft kämpfen. Auf diese Weise verbindet sich die merkwürdige, begrenzte Freiheit, die sich innerhalb der Praxisräume einstellt, mit den nicht vorhersagbaren Formen kollektiver Freiheit, die die Befreiungsbewegungen in der Welt erschaffen wollen.

Freiheit, zu wiederholen und besser zu scheitern

Eine fortschrittliche Lektion der Psychoanalyse besteht darin, dass es trotz des Wiederholungszwangs möglich ist, neue Möglichkeiten zu erschließen. Es kann gut sein, dass wir darin weiterhin der Wiederholung unterworfen sind, denn wir können die Existenz des Unbewussten nicht wegwünschen, aber wir haben mehr Entscheidungsoptionen. Wir werden vielleicht nicht immer bekommen, was wir wollen. Denkt dran, wir sind *gespaltene Subjekte*. Wir können wohl nicht einmal sicher sein, dass wirklich wir es sind, die wollen, was wir wollen. Wie sollten wir auch, zumindest in der gegenwärtigen Gesellschaft und auf absehbare Zeit, denn selbst wenn wir uns von den allergrößten gesellschaftlichen Hindernissen befreiten, die unserer Zufriedenheit im Weg stehen, würden wir doch weiterhin bedrängt durch die Geschichte von Herrschaft und Entfremdung, die uns geprägt hat in dem, was wir sind und wie wir über uns sprechen. Dennoch, selbst wenn wir weiterhin scheitern, können wir doch einige echte Erfolge erzielen und Entscheidungen so treffen, dass uns klarer wird, wo der Unterschied zwischen Erfolg und Scheitern liegt.

Dies ist ein Raum der Freiheit, ein Raum, der sich in sehr begrenztem Maß in der psychoanalytischen Begegnung öffnet, ein Raum, den wir im politischen Bereich noch weiter öffnen können. Dieser Raum muss das, was wiederholt wird, nicht unbedingt ausschließen. Bisher haben wir den einschränkenden Aspekt von Wiederholung betont, Wiederholung des Gleichen, jetzt aber wollen wir die Aufmerksamkeit auf einen anderen Aspekt der Wiederholung richten, die in sich stets noch etwas anderes birgt. Der Raum der Freiheit, die in der Wiederholung verborgen liegt und durch Wiederholungszwang so oft im Gefängnis des vereinzelten Selbst festgekettet ist, ist ein anderer Raum. Es ist ein Raum wachsender Spannung, zunehmender Verschärfung von Widersprüchen, aber aus den gleichen Gründen auch des Widerstands, des Nachdrucks und der Beharrlichkeit sowie unvermeidlicher Formen der Verlagerung oder der symbolischen Distanz gegenüber dem, was wiederholt wird. Es ist nicht Wiederholung des Gleichen, sondern Wiederholung, die einen Unterschied erschafft.

Was sich unterscheidet, rührt auch von Wiederholung her. Was ein zweites Mal wiederholt wird, kann beim zweiten Mal nicht dasselbe sein wie beim ersten Mal, eben weil es zum zweiten Mal passiert, weil es schon ein erstes Mal gegeben hat. Als Wiederholung trägt es die Spuren des Vergangenen in sich. Unterschiedliche Kontexte verändern die Bedeutung verschiedener Elemente, das Leben geht weiter, und Wiederholung ist dann nicht einfach das Gleiche, sondern etwas subtil und manchmal drastisch anderes. Dies ist ein komplexer dialektischer Prozess, in der psychoanalytischen Praxis genauso wie in der Politik.

Wiederholung kann für Nachdruck und Beharrlichkeit stehen, aber diese Wiederholung verrät sich auch selbst, entlarvt sich und macht sich so zu einem Ärgernis, unentrinnbar, unerträglich und untragbar. All das ruft unterschiedliche Gefühle, Gedanken und Verhaltensweisen gegenüber dem hervor, was wiederholt wird. Und wenn es sich weiterhin wiederholt, kann dies das Subjekt dazu bringen, sich davon abzuwenden, es aus der Distanz kritisch zu beurteilen, speziell, wenn die Wiederholung in einem Reflexionsrahmen stattfindet wie in der Psychoanalyse und in Befreiungsbewegungen.

Zeichen

Die Menschen wiederholen mit ihren Worten die gleichen Dinge, die sie ihr Leben lang immerzu wiederholt haben. Das ist wohl wahr. So versuchen sie zu verstehen, wie materielle und ideologische Lebensbedingungen ins Unbewusste und in ihre unbewussten wiederholten Reaktionen auf Ereignisse um sie herum eingebaut sind. Während die Sprachblockaden immer wieder auftreten, wiederholen und erleben sie gleichzeitig die Gehorsamsbeziehungen, die diese Sprachblockaden auslösen.

Der Unterschied ist, dass sie während der psychoanalytischen Sitzung, in ihrem eigenen psychoanalytischen Prozess, jetzt die Möglichkeit haben, vielleicht das zu sagen, was sie bisher nicht gesagt haben. Wenn das geschieht, ermöglichen es ihnen ihre Worte, als *Zeichen*, zu ihrem alten Leben Distanz herzustellen. Das ist eine begrenzte und erreichbare Freiheit.

Selbst wenn Menschen wiederholen, ist ihre Wiederholung keine einfache Verdoppelung derselben Wörter, Sätze und bedeutungsvollen Handlungen, derselben symbolischen Elemente des gesprochenen, geschriebenen oder anderweitig symbolisch organisierten Diskurses, die wir als »Zeichen« begreifen. Jedes Zeichen, jedes Wort, jede Handlung, jeder Gegenstand in der menschlichen Welt ist immer schon Teil eines Bedeutungssystems, das unseren Zeichen einen Wert vorgibt, sie den Menschen verständlich genug macht, um im

Medium der Kommunikation und in der Ideologie wirken zu können. Dies sind die Zeichen, die die symbolische Welt bilden, die wir in unseren verschiedenen Sprachen teilen, die Bausteine dieser symbolischen Welt.

Die Zeichen mit ihren Wiederholungen und Verbindungen werden von den »Analysierenden«, die an einer praktischen psychoanalytischen Erfahrung teilhaben, gehört. »Analysierende« unterscheiden sich sehr von »Patient:innen«, die in der Psychiatrie behandelt werden, oder von »Klient:innen« in der Psychologie. Unsere psychoanalytischen Analysierenden nehmen die Analyse vor. Wir Analytiker:innen liefern ihnen keine Behandlung; die Analysierenden nehmen ihre Heilung in die eigenen Hände. Sie sind Subjekte, nicht Objekte. Was sie sagen, wird nicht von den Analytiker:innen interpretiert, sondern von ihnen selbst. Ihre Interpretation ihrer Worte erfolgt durch weitere Wörter, die zu den ursprünglichen hinzukommen und wiederum von ihnen interpretiert werden müssen. Die höchst intime Bedeutung dieser Wörter liegt in ihnen selbst, in ihren vielschichtigen wechselseitigen Beziehungen, und nicht jenseits von ihnen, nicht in einer geheimnisvollen Tiefe, die allein die Analytiker:innen erahnen könnten, die die Symptome lesen, als wären sie Wahrsager:innen oder Prophet:innen.

Wir brauchen nicht unter die Oberfläche zu tauchen, um zu erkennen, wie Zeichen in einem Bedeutungssystem wirken, das stets außerhalb unserer Kontrolle liegt, uns unbewusst ist. Zeichen wirken je nachdem, was wir mit ihnen anstellen, je nachdem, was sie mit uns anstellen, und sie sind stets präsent in dem, was wir sagen und hören. Der Begriff »Befreiung« ist zum Beispiel ein Zeichen, und jeder politische Begriff, den wir verwenden, um zu bezeichnen, wer wir sind und worin unsere kollektive Identität bestehen kann, ist ebenfalls ein Zeichen, sei es »Arbeiter«, »Frau«, »behindert« oder »indigen«.

Zeichen sind für uns in einem symbolischen System definiert, aber wir können die Initiative ergreifen und sie und ihre Bedeutung umarbeiten. Genau wie auf kollektiver politischer Ebene hören in der psychoanalytischen Praxis die Analysierenden die Zeichen, die ihnen von mächtigen Anderen in ihrem Leben gegeben wurden, um ihre Identität festzulegen, und übernehmen die Kontrolle, wenn auch nur für einen Moment, um sie umzuarbeiten.

Zeichen erhalten unterschiedliche Bedeutung je nach ihrem Platz in der widersprüchlichen, sich ständig verändernden Sprache, die wir sprechen, der Sprache, die uns umgibt und auf die wir einwirken, wenn wir uns selbst und die Welt verändern. Wir kennen dies gut von den Versuchen, Zeichen zurückzuerobern, die benutzt wurden, um in unterdrückerischer Weise über uns zu sprechen, wie etwa »schwarz« oder »verrückt« oder »schwul«. In unserem fortschrittlichen politischen Kampf eignen wir uns diese Zeichen wieder an und benutzen sie mit Stolz statt Scham.

Die gleichen Dinge, Handlungen und Wörter sind nie genau dieselben, da sie in sich stets verändernden widersprüchlichen und geschichtlichen Kontexten stehen. Zugleich sind bestimmte Zeichen für jedes einzelne Subjekt mit Bedeutung aufgeladen, und »Befreiung« kann in unterschiedlichen Kontexten Unterschiedliches bedeuten. Die Psychoanalyse befasst sich in der Praxis mit der speziellen Rolle, die Zeichen im Leben eines Menschen spielen. Wir mögen uns einbilden, ihre Bedeutung zu kennen, aber die Psychoanalyse zeigt uns, dass wir den Zeichen mit größerer Aufmerksamkeit zuhören müssen, um nachzuvollziehen, wie sie in einem allgemeinen und zugleich individuellen symbolischen System wirken.

Unsere Geschichte, ob kollektiv-politisch oder persönlich-politisch, ist kein festes, starres Raster, sondern immer offen, abhängig von unserem Ringen darum, zu verstehen, wer wir sind und welche Welt wir erschaffen wollen. Unser Sein und unsere Bestrebungen stehen im Widerspruch zu dem, was wiederholt wird, das wiederum auch sich selbst widerspricht. In einem Prozess dialektischer Bewegung bringen diese Widersprüche das System aus der Balance, entweder in Form eines »Katastrophen-Kapitalismus«, der Krisen dazu nutzt, sich neu zu konfigurieren und zu stärken, oder um uns Raum für

Freiheit zu geben. Es hängt ganz von uns ab, davon, wie wir reflektieren und handeln, und ob wir kollektiv handeln.

Die Wiederholung des Gleichen wird durch ideologische Kraftlinien und politisch-ökonomische Strukturen verstetigt, Kräfte und Strukturen, gegen die wir uns wehren, weil sie unser Sprechen und Handeln einschränken. Die Psychoanalyse kann uns helfen, uns zu wehren, indem sie uns einen Raum bietet, in dem wir erfahren und ausdrücken können, wie wir wiederholen, was wir über uns selbst sagen, und wie wir wiederholen, was wir tun, um selbstzerstörerische Verhaltensmuster aufrechtzuerhalten. Dieser Raum ist insofern wirksam, als er uns ermöglicht, die Wiederholung zu reflektieren, anstatt bloß die gleichen altbekannten Handlungsmuster zu wiederholen.

Anstelle der Wiederholung des Gleichen eröffnet die psychoanalytische Begegnung den Raum, in dem etwas Neues entstehen kann: die absolute Differenz, die das Zeichen zu einem Zeichen macht, und eine ganz andere, völlig einzigartige Wahrnehmung unserer eigenen Subjektivität. Dieses Auftauchen absoluter Differenz ist ein Sieg, der den Preis vielfachen Scheiterns wert ist und es wettmacht. Wir sind zum Wiederholen verdammt, aber wir sind auch davon getrieben, einen Unterschied zu machen. Wir Psychoanalytiker:innen können einen Unterschied machen, indem wir in der Praxis einen Raum für Differenz eröffnen, einen Raum, in dem das Subjekt anders sein kann, als die Regeln des ideologischen Alltagsverstands und seine psychologischen Handbücher festlegen.

Gleichermaßen können Befreiungsbewegungen in der Welt einen Unterschied machen, indem sie sich von der herrschenden Ideologie unterscheiden, indem sie eine ganz und gar andere Welt erschaffen wollen, indem sie eine Welt aufbauen, in der Differenz als Bedingung für das Menschsein wertgeschätzt wird. Die Wiederholung des Scheiterns wird so in etwas anderes verwandelt. Irgendetwas in uns treibt uns dazu an, dies zu tun, und das bringt uns zu unserem nächsten Thema: *Trieb*.

4. Trieb: Körper, Kultur und Begehren

Etwas nötigt uns, aufzubegehren. Wenn wir zum Handeln gedrängt werden, sind wir wie eine Naturgewalt, und das umso mehr, wenn wir eine Veränderung herbeiführen. In solchen Momenten können wir tatsächlich eine Art Naturgewalt sein; wir können Teil der Natur dieser Erde sein, anstatt gemeinsame Sache mit der verheerenden kapitalistischen Logik zu machen, die darauf abzielt, sie zu unterwerfen und auszubeuten. Das ist *Trieb*.

Wenn wir uns der kapitalistischen Umgebung angepasst verhalten, ist unser Verhalten nicht bloß zerstörerisch. Es hat auch einen falschen, künstlichen und oberflächlichen Aspekt. Unser Impuls zur Rebellion dagegen scheint aus den unergründlichen Tiefen unserer Körper zu kommen, aus einem animalischen Teil unserer selbst, der jenseits der Sprache pulsiert und sich Bahn bricht. In Wirklichkeit ist dieser Impuls mit Sprache verwoben, mit einer Rechenschaft darüber, was wir tun, und so auch darüber, was wir vermittels Worten sind.

Sprache ist untrennbar mit unseren Körpern verbunden, mit unseren geheimsten und grenzüberschreitenden Impulsen, die immer wesentliche, schon verdrängte Elemente enthalten. Erinnert euch: Verdrängung drückt uns nicht nur nieder, sondern reguliert Sprechen und Handeln so, dass sie unser Begehren herstellt und strukturiert. Wir müssen diese Lehre der Psychoanalyse verstehen, sonst bleiben wir gefangen in dem, wovon uns gesagt wird, dass wir es wollen, anstatt kollektive Entscheidungen darüber zu treffen, welche Art einer freieren Welt wir für uns erschaffen können.

Mit unserem Sein verwobene Worte unterdrücken uns, sperren uns ein, ketten uns an und lähmen uns. Aber das ist nicht alles. Sie können uns auch ermutigen zu handeln, um uns von unseren Ketten zu befreien. Die daraus erwachsende Aktion kann dann durch ein wirkmächtiges, subversives, revolutionäres und möglicherweise befreiendes Wort erklärt werden. Das wird ein einzelnes Wort sein, vielleicht einfach »Nein«, oder mehrere Wörter, vielleicht »Nein, es reicht«, die aufs Engste mit Handlung, mit dem Körper verbunden sind. Was wir als menschliche Wesen sind, ist in unserem Körper begründet und wird durch Sprache geformt, durch das symbolische System der Kultur, durch das wir andere begehren und andere Körper begehren.

Der Trieb entspringt an der Grenze zwischen Körper und Kultur. Diese Grenze, dieser Rand ist ein beschädigter, verstümmelter, höchst verletzlicher Ort, charakterisiert durch Schmerz, Scham, Ungleichgewicht und Unmöglichkeit. Hier entstehen die Triebe mit ihrer dynamischen Kraft, die Begehren möglich macht. Diese Triebe sind Thema des folgenden Kapitels, in dem wir über die Natur des Körpers, sein Leben und seinen Tod sprechen, über den Platz des Triebes – einschließlich des Sexualtriebs – in der Kultur und über unser Begehren, das eng mit dem Begehren der anderen verbunden ist.

Körper – Leben und Tod

Wir leben in unseren Körpern, aber wir sind von ihnen entfremdet. Diese Entfremdung wird im Kapitalismus noch verstärkt, wenn wir um unser Leben fürchten im Fall, dass unser Körper versagt, nicht als Arbeitskraft, die wir an andere verkaufen, dienen oder uns nicht zur Arbeit bringen kann. Obwohl wir in unserem Körper leben, hat er etwas Sonderbares an sich, und erst wenn er nicht mehr funktioniert, erfahren wir ihn als etwas Wirkliches, Unheimliches, Unbekanntes.

Wir können unsere Körper nie unmittelbar verstehen. Unser Verständnis von unserem Körper ist durch die Bilder strukturiert, die wir benutzen, um ihn uns vorzustellen, und durch die Sprache, die wir benutzen, um ihn anderen zu beschreiben. Der Körper wird kulturell durch ideologische Verzerrungen vermittelt. Was wir vermittels Ideologie über uns selbst wissen, beinhaltet sonderbare, entfremdende Vorstellungen von unserem Körper, unserem Körper, der zu einem Objekt gemacht wird, um von anderen gekauft und verkauft, konsumiert und genossen zu werden.

Trotz Ideologie und dadurch, dass wir sie bekämpfen, können wir jedoch noch etwas anderes über unsere Körper als Stätten der Verweigerung lernen. Wir erfahren dabei etwas über unsere Körper, das sich von den ideologischen Verzerrungen stark unterscheidet, und wenn wir dann *mit* unserem Körper sprechen statt gegen ihn, finden wir einen Weg, die Wahrheit zu sagen. Auf diese seltsame widersprüchliche Verbindung von Körpern und Worten, von materiellem Dasein und Zeichen, weist die Psychoanalyse uns hin.

Leben

Zeichen, die in der Psychoanalyse durch Sprechen ausgearbeitet werden, nehmen die Form von Wörtern mit großer Wirkmacht an, so mächtig wie die Zeichen in den herrschenden ideologischen Botschaften, die uns unseren Platz in der Welt zuweisen und diese Welt strukturieren. Das Wort kann heilen. Es kann psychischen Schmerz heilen, der sich auf den Körper auswirkt, denn es kann wahr sein und daher das Schweigen und die Lügen, die uns krank machen, auflösen. Das ist ein Grund, warum die Psychoanalyse von einer der ersten Analysierenden als »Redekur« bezeichnet wurde. Die Verbote, der Erinnerungsverlust und die ideologischen Irreführungen des patriarchalen und kolonialen Kapitalismus wie die unserer Familie und unseres eigenen Ichs können neutralisiert und überwunden werden durch das, was wir sagen. Wir sprechen wahr, und im persönlich-politischen Bereich begehren wir durch unser Sprechen auf. Das bezieht andere, das Leben ein.

Es gibt wahre Aussagen, die nicht mich allein betreffen. Andere leiden wie ich unter den Auswirkungen der Macht, die versucht uns zu spalten, um uns je einzeln zu besiegen. Wir alle sind in unser individuelles Selbst eingesperrt und leiden unter irgendeiner Form von Unterdrückung und Ausbeutung. Das Schweigen und die Lügen der Ideologie täuschen uns, verwirren uns und führen uns alle in die Irre. Es ist daher logisch, dass wir den Impuls fühlen, einander zu suchen und uns zu treffen, um zu reden und zu handeln, um Ungerechtigkeit anzuprangern und aufzubegehren, die Wahrheit zu entdecken und gegen Herrschaft zu kämpfen. Auch hier befinden wir uns, sei es zum Guten oder zum Schlechten, im Bereich des Triebes.

Das ist Leben, dieser »Lebenstrieb«, der Trieb zu sprechen und zu handeln. Er ist produktiv und kollektiv, beziehungsreich und sexuell. Er ist nicht in uns eingeschlossen, er geht über uns hinaus und überschwemmt uns; er ist zwischen uns und außerhalb von uns; er bringt uns dazu, uns mit anderen zu verbünden und dadurch die Welt um uns herum zu weben. Wir Psychoanalytiker:innen sagen, alles, was das Subjekt ausmacht, geht durch den »Anderen« hindurch, durch die Andersheit, die das Kennzeichen menschlicher Subjektivität ist.

Im und durch den Anderen lässt unser Trieb uns leben. Aber etwas an diesem Trieb, das uns über uns selbst hinausführt, das uns unbewusst ist, außerhalb unserer Kontrolle, kann auch eine mechanistische Qualität annehmen, durch die wir uns getrieben fühlen. Das passiert dann, wenn das, was uns antreibt, zu etwas Trägem, Tödlichem, Zerstörerischem und Selbstzerstörerischem wird. Der Trieb manifestiert sich dann als etwas noch Tödlicheres, als »Todestrieb«.

Jeder Trieb ist potenziell ein Todestrieb. Sein tödlicher Anteil setzt sich durch, wenn wir uns ihm ergeben, unter seinem Gewicht zusammenbrechen, uns von seiner Trägheit erfassen lassen. Das sind die Momente, in denen wir unbewusst die bekannten Handlungen und Zeichen wiederholen. Dann sind wir der Wiederholung, dem Wiederholungszwang unterworfen, einer unwillkürlichen und zerstörerischen Kraft, gegenwärtig verkörpert im kapitalistischen System.

Kapital, wahrgenommen als ein Prozess, ist reine Befriedigung des Todestriebs, Umwandlung von Leben in Tod, Aufzehren der lebendigen Existenz von Arbeiter:innen und der Natur, um mehr und mehr Geld zu erschaffen, totes Geld. Gleichzeitig aber lebt das Kapital von der Lebensenergie der Arbeiter:innen und arbeitet damit, mit dem Lebenstrieb, der immer noch in uns gegenwärtig ist, selbst wenn er sich in den Todestrieb des Profitstrebens, des Kapitalismus verwandelt. Die destruktiven und produktiven Aspekte des Triebs erscheinen empirisch meistens vereint und ununterscheidbar. Auseinanderhalten lassen sie sich nur durch radikale Theorien der Subjektivität und Politik, Theorien wie Marxismus, Feminismus, postkoloniale und Queer-Theorie und die Psychoanalyse.

Wenn wir die doppelte Natur des Triebs, wie sie sich in jeder geschichtlichen Epoche manifestiert, erfassen wollen, brauchen wir eine historisch ausgerichtete Psychoanalyse, eine Psychoanalyse, die sich als historisch bedingt begreift. Der Trieb ist zu jeder Zeit produktiv, kreativ, schöpferisch, Leben; er ist das in uns, was uns erlaubt, Beziehungen zu anderen einzugehen, Kultur und Formen politischer Organisation zu schaffen und von anderen möglichen Welten zu sprechen. Aber genauso ist er zu jeder Zeit zerstörerisch, wiederholend, Tod, das, was sich gegen uns selbst richtet und gegen die sozialen Beziehungen, die uns erhalten, gegen Natur und Kultur.

Der Trieb erlangt Befriedigung im kapitalistischen Prozess, der den Planeten verschlingt und die vielen unterschiedlichen menschlichen Zivilisationen, die wir erschaffen haben, zersetzt. Und gleichzeitig treibt er uns an, gegen diese großflächige Verwüstung aufzubegehren, und bewegt jene, die für ihre Kulturen, für den Planeten, für das Leben und gegen den Kapitalismus kämpfen. Wir müssen uns entscheiden. Das ist die Wahl, vor der wir zu jeder Zeit stehen, und insbesondere jetzt. Unser Körper kann eins mit uns sein, wenn wir handeln. Andererseits kann unsere Natur in eine Maschine verwandelt werden; dann wendet sich unser entfremdeter Körper gegen uns selbst.

Zu allen Zeiten hat der Kapitalismus alles Nötige unternommen, um uns unsere Körper zu entziehen. Durch stetig zunehmende Arbeitsteilung hat er dafür gesorgt, dass sie wie von uns unabhängig funktionieren. Er hat uns unerbittlich von ihnen getrennt; er hat uns dazu gebracht, sie zu verachten und zu verleugnen; er hat uns gelehrt, sie zu disziplinieren und auszubeuten; er hat uns gegen sie gerichtet. Das Schicksal unseres Körpers ist das Schicksal unseres Lebens. Das kapitalistische System eignet sich alles an, was in uns lebt, formt es um in Arbeitskraft und produziert dadurch mehr und mehr Kapital, *Trieb*.

Heute, im Spätkapitalismus des 21. Jahrhunderts, ist es noch schlimmer. Es ist, als hätten die Maschinen, die wir erschaffen haben, um uns von der Arbeit zu befreien, uns zu ihren Sklav:innen gemacht. Und die Notwendigkeit, Profit zu generieren, erzeugt zusätzliche Arbeit, so dass wir weniger Zeit haben statt mehr. Die durch Technologie eröffneten Möglichkeiten werden preisgegeben durch das Profitstreben, das unsere Ausbeutung und Unterdrückung verstärkt. Diese Notwendigkeit, Profit zu erzielen, beschleunigt die Produktionsprozesse, und die Beschleunigung des Lebens im Kapitalismus bedeutet, dass wir unseren Körper mehr denn je als ein von uns entfremdetes Ding erfahren.

Im Kapitalismus des 19. Jahrhunderts verlief die industrielle Entwicklung so schnell, so zerstörerisch für Natur und Kultur und mit so wenig Rücksicht auf das Leben der Arbeiter:innen, dass alles Ständische und Stehende zu verdampfen, alles Heilige entweiht zu werden schien. Heute, wo die industrielle und technologische Entwicklung in den Händen von Privatunternehmen oder Staatsbetrieben liegt, die im Auftrag des Kapitals agieren, erleben wir eine entfremdende Beschleunigung dieses Prozesses, so dass alles, was uns bleibt, die Körper sind, die wir bewohnen, Körper, die zum Arbeiten gezwungen sind, Körper, die dem Ruin entgegensehen. Es stimmt, dass unsere

Körper entfremdet sind, aber wir können sie zurückgewinnen, zumindest teilweise, zumindest zeitweise. Wir brauchen sie. Nur durch sie, verwoben mit Sprache, wahrhaftiger Sprache, können wir handeln.

Wir sehen uns einer Aufgabe gegenüber, die an einem Widerspruch arbeitet. Da ist auf der einen Seite das absolut tödliche Gesicht des Triebes. Es gibt gesellschaftliche Strukturen, die auf ihre eigene Selbsterhaltung ausgerichtet sind, verkörpert durch jene, die sich diese Strukturen zunutze machen, um ihre Macht zu bewahren, Arbeiter:innen zu geringstmöglichen Löhnen zu beschäftigen und maximalen Profit zu erzielen. Dieser »Mehrwert«, den die Herrschenden aus der Arbeiter:innenschaft herausholen, wird aus unserer Arbeitskraft geschöpft. Aber diese Kraft ist die unseres Lebens, unserer Liebe und unserer Kreativität, und so pervertieren und instrumentalisieren die Reichen und Mächtigen das, was uns alle dazu antreibt, für unsere Lieben zu sorgen und in der Welt gestalterisch zu wirken.

Unsere mögliche menschliche Gemeinschaft wird durch das kapitalistische, patriarchale und koloniale System ersetzt. Unsere wahrhaftigsten Beziehungen sind den Produktions- und Ausbeutungsverhältnissen untergeordnet, die abgestützt werden durch andere Herrschaftsverhältnisse, wie die von Männern über Frauen oder in Form von Rassismus und Ausschluss derer, die als unproduktiv gelten.

Auf der anderen Seite ist da der Lebenstrieb, das liebende Gesicht des Triebes. Es gibt die schöpferischen Kräfte, die durch den Kapitalismus hervorgerufen und freigesetzt werden, Möglichkeiten für Innovation und kulturelle Entwicklung. Mitten im Schoß des Kapitalismus wachsen die Kräfte, die ihn umstürzen werden, die kollektiven Kräfte, die sich zusammenfinden, damit wir gestalterisch tätig sein können, und dank deren wir gemeinsam erkennen, wie wertvoll es ist, miteinander statt gegeneinander zu arbeiten.

Dies sind die Produktivkräfte, die schöpferischen Kräfte, die auch den Befreiungsbewegungen ihre Energie liefern. Die

Frage ist, ob wir weiterhin unsere Herren und Gebieter bestimmen lassen, wie wir arbeiten und wie wir genießen und wie wir ihnen Genuss verschaffen, oder ob wir selbst die Kontrolle übernehmen und *wir* es sein werden, die über unser Leben bestimmen.

Das ist der Trieb heutzutage, ein Trieb, der uns durchdringt und unsere Körper in einer unbewussten, außerhalb unserer Kontrolle liegenden Dynamik antreibt, ein Innovationstrieb, der in ein Streben nach Profit umgelenkt wird. Der Trieb ist eine körperliche Kraft, die die Quelle des Lebens, der Liebe und der Kreativität ist, aber er wurde gegen uns gewendet, so dass wir uns ihm nicht nur unterworfen, sondern auch in seiner Logik gefangen fühlen. Das Leben und unsere Natur und die Natur als solche werden dann als bedrohlich und beängstigend erfahren, so dass wir uns in dem Versuch, zu entkommen, oft voneinander absondern und in uns selbst einschließen.

Das Kapital akkumuliert sich und schenkt dem »einen Prozent« Leben, während der Trieb tödlich ist für den Rest von uns: für diejenigen, die arbeiten – die ihre Arbeitskraft verkaufen und die im Haushalt arbeiten, um die zu versorgen, die ihre Arbeitskraft verkaufen. Der Trieb ist ein Todestrieb für die gewaltige Mehrheit derer, die im Kapitalismus leben. Die historische Entwicklung dieser Form der politischen Ökonomie hat den Tod zum Ziel des Lebens gemacht.

Kultur – Sex und mehr

Einer der Orte, an denen wir erleben, wie unser Körper uns über uns selbst, über unsere bewusste Kontrolle hinausträgt, ist der Sex. Und dieser Sex, der so notwendig ist für die Fortpflanzung der Spezies, einschließlich der menschlichen Spezies, nimmt für Menschen ein nicht notwendiges genussvolles und manchmal schmerzvolles Wesen an. Was uns zum Sex treibt, ist keine unbedingte Notwendigkeit. Es gibt viele, die ohne ihn auskommen. Aber dieser entbehrliche Genuss beim

Sex wirft eine Frage über die Natur des Körpers und seine Beziehung zu Genuss und Leiden auf, die der Entwicklung der Psychoanalyse den Anstoß gegeben hat.

Es wird oft behauptet, die Psychoanalyse sei vom Sex besessen. Aber es ist vielmehr so, dass die Psychoanalyse uns zu verstehen hilft, wie wir zum Sex getrieben werden in einer Kultur, die selbst besessen ist von einer Reihe bestimmter höchst ideologischer Vorstellungen davon, was Sex ist. Diese Kultur verlangt, dass wir arbeiten, und verbietet Genussformen, die nicht funktional sind für die Reproduktion und Erhaltung der Arbeitskraft durch die Familie oder für die Schaffung von Mehrwert durch Konsum oder für die kosmetische Schönfärbung des Kapitalismus mittels Ideologie. Obwohl Sex folglich ausgebeutet werden kann, ist in dieser Kultur am Sex doch mehr verboten, als von ihm gefordert wird, und dieses Verbot hat den verblüffenden bizarren Effekt, uns gleichzeitig anzustacheln, herauszufordern und von uns zu verlangen, dass wir genießen.

Verbot

Für uns Menschen gibt es keine sexuelle körperliche Aktivität ohne *Verbot*, Verbot und Übertretung. Sex ist zu einem der Kernbereiche geworden, wo wir vom verborgenen unbewussten Verlangen nach Übertretung getrieben werden und dazu, dieses Übertreten so zu genießen, als müsse etwas tief in uns freigesetzt werden. Es ist daher nicht verwunderlich, dass just die sexuelle Aktivität, die angeblich Vergnügen bereiten soll, oft auch Scham, Schuld, Einsamkeit, Eifersucht, Gewalt, Qual und Schmerz mit sich bringt.

Sex war gerade deshalb so wichtig für die Psychoanalyse, weil wir hier Genuss und Leid so eng miteinander verknüpft sehen. Ein entfremdetes, unglückliches Leben knüpft beides sogar noch enger zusammen, sei es in der Realität, wenn wir Sex erleben, oder in Fantasien darüber, was uns fehlt, wovon uns gesagt wird, es fehle uns.

Es ist unmöglich, unsere gegenwärtige Erfahrung der Sexualität zu verstehen, ohne einen Begriff vom Unbewussten zu haben, von dem, was uns übersteigt und uns über das Ich hinausführt, ebenso wie von der Wiederholung, die uns Genuss wie Leid bereitet, und vom Trieb. Der Trieb erzeugt Leben und ist ein Ausdruck des Lebens, wenn Sex unter anderem als Quelle der Arterhaltung fungiert. Uns wird gesagt, dass er in dieser Kultur als solche fungieren soll, aber das tut er nicht. Da ist stets mehr, als uns gesagt wird: verboten und angestachelt, aus dem Bewusstsein verdrängt und in Anspielungen angedeutet, heraufbeschworen als ein Ort tieferen persönlichen übertretenden Genusses. Selbst für diejenigen, die wie vorgesehen Sex haben, ist Genuss mit Leiden verknüpft, wenn sie der zwiespältigen, widersprüchlichen Vorschrift folgen, kulturellen Normen sowohl zu entsprechen als auch sie zu überschreiten.

Deshalb nimmt die Psychoanalyse Sex so wichtig. Menschen suchen Zuflucht in Sex und fragen sich, warum er ihnen so oft kein Wohlgefühl bereitet. Sie werden zum Sex getrieben, und er treibt sie in die neurotischen Zustände, zu deren Behandlung die Psychoanalyse erfunden wurde. Und jene, die Sex nicht in der vorgesehenen Form haben, werden von einer Kultur bedrängt, die immer noch die Forderung stellt, sich konform zum Verlangten zu verhalten. Auch das treibt sie ins privatisierte Leiden, das aufzuschließen die Psychoanalyse helfen kann.

Nehmen wir beispielsweise den Tauschhandel von Sex gegen Liebe, der so häufig in der Kernfamilie stattfindet – impliziert im Ehevertrag –, und den expliziteren Tauschhandel von Sex gegen Geld, wenn diejenigen mit Macht, üblicherweise Männer, ihre Macht dazu benutzen können, anderen, üblicherweise Frauen, zu befehlen, ihre Körper zu bedienen, ihnen Genuss zu verschaffen. Auf der einen Seite der Gleichung steht Genuss, auf der anderen Leiden. Oft sind sie miteinander verquickt. Auf diese Art wird Sex in Arbeit verwandelt, kommodifiziert, d. h. zu einer Ware gemacht, und ausgebeutet, so wie jede Arbeit im Kapitalismus. Die Antwort besteht nicht einfach darin, diese Arbeit zu verbieten, sondern Arbeit als solche zu verändern. Das heißt, für die Rechte von Sexarbeiter:innen zu kämpfen, den Weg in eine Welt zu bereiten, in der solche Kommodifizierung und Ausbeutung von Sex unmöglich wäre.

Die Psychoanalyse lehrt uns, dass ein Verbot von was auch immer, einschließlich Sex, keine Lösung darstellt. Vielmehr besteht unsere Aufgabe darin, Unterdrückungsstrukturen als solche zu verstehen und anzugreifen. Mit neuen Strukturen, die wir kollektiv für uns erschaffen, entstehen neue Möglichkeiten des Begehrens, des Begehrens von anderen, und neue Wege für die Triebe, Wege, auf denen der Genuss der einen nicht das erniedrigende Leiden der anderen erfordert.

Der Trieb fühlt sich an, als wäre er in uns. Tatsächlich aber ist er an der Grenze zwischen innen und außen; oder korrekter ausgedrückt, wenn wir Freud hier folgen, zwischen dem Psychischen und dem Physiologischen. Das Physiologische erhält Form und Bedeutung durch unser Verständnis davon, wer wir sind, und durch das, von dem uns eingeredet wird, es seien unsere Bedürfnisse und unser Begehren. Und das »Psychische« selbst ist, wie wir von Marx lernen, genauso außerhalb von uns, wie es in uns ist, unsere Subjektivität als »Ensemble der gesellschaftlichen Verhältnisse«.

Diese gesellschaftlichen Verhältnisse werden durch die Kultur hervorgebracht, die wir selbst erschaffen, aber in einer entfremdeten Gesellschaft wie der unseren erschaffen wir unsere Kultur und Geschichte nicht aus freien Stücken. Wir müssen die Wirklichkeit der »zweiten Natur« unserer menschlichen Natur begreifen, die zweite Natur der Kultur. Die Psychoanalyse weist uns einen Weg dorthin.

Geschichte und Kultur formen und verändern den Bereich des Triebes ständig. Wir müssen uns darüber im Klaren sein, dass dieser Trieb weder ein biologisch vorprogrammierter »Instinkt« ist, noch dass es getrennte biologisch vorprogrammierte Lebens- und Todesinstinkte gibt. Es gibt in der Tat instinktive Prozesse bezüglich Essen und Sex und anderer biologischer Bedürfnisse, die eine Funktion unserer evolutionären Geschichte als tierische Gattung sind, unserer tierischen Natur. Aber sie werden von uns, bewusst oder unbewusst, immer interpretiert.

Das, was unseren Körper antreibt – und genauso entfremdet ist wie unsere Körper, die wir behandeln, als wären sie lediglich ein Vehikel, um im Kapitalismus zur Arbeit zu fahren –, ist stets durch Kultur geformt und vermittelt. Es gibt keinen Trieb ohne Kultur. Er ist kein eigentlicher »Instinkt«, der der Kultur vorausgeht, sondern etwas durch und durch Menschliches, so menschlich wie die Kulturen, die wir erschaffen. Wir können uns nicht im Namen unserer Triebe von der Kultur befreien, geschweige denn im Namen der Kultur von unseren Trieben.

Dies ist nicht die Frage, die Befreiungsbewegungen stellen. Es ist eine falsche Frage, die uns auf falsche Wege führt, zu einer falschen Vorstellung vom Trieb als einer instinkthaften Gewalt, die »rausgelassen« werden muss. Das erweckt den Anschein, als wäre das Unbewusste in unserem Kopf eingeschlossen wie Dampf in einem Kessel und als würde der Trieb wie Dampf hervorquellen. Anstatt dieser falschen reduktiven ideologischen und pseudo-psychoanalytischen Frage steht unsere Psychoanalyse im Einklang mit der Frage der Befreiungsbewegungen. Deren Frage lautet, ob diese Kultur weiterhin dem »einen Prozent« Nutzen bringen soll, indem sie ihm erlaubt, das Leben für sich zu kapern und die übrigen 99 Prozent zu schlichtem Überleben und Tod zu verdammen, oder ob wir jetzt damit beginnen können, eine Kultur zu schaffen, in der alle leben und gedeihen könnten.

Interpretation

Der Trieb ist das Resultat einer *Interpretation* des Instinkts, seiner Umbildung, Verwicklung und Verdrehung, während er durch die Sprache hindurchgeht, durch Ideologie, Kultur und Geschichte. Uns geht es hier um den Trieb und seine Interpretation, um beide in Verbindung. Worte wandeln Instinkt in etwas um, das nicht länger rein biologisch und physiologisch ist. Der Trieb befindet sich an der Grenze zwischen dem Physiologischen und dem Psychischen. Sein Ursprung liegt in der Fantasie, nicht allein im Körper. Er ist nichts Naturgegebenes, sondern ein historisches Produkt. An dieser Grundannahme der Psychoanalyse halten wir gegen die ideologische Umdeutung des Triebs als Teil einer unveränderlichen menschlichen Natur fest. Unser Menschsein verändert den Trieb ebenso, wie es durch uns selbst verändert wird.

Unter dem Einfluss des Symbolischen, der Zeichen, der Kultur, wird der Trieb ununterbrochen umgeformt. Das heißt nicht, dass er nicht real ist. Trieb ist auch real; er überflutet die Worte, er kann durch das Symbolische nicht eingedämmt oder kanalisiert werden, er widersteht jeglicher Symbolisierung, er erscheint als eine unerbittliche Kraft jenseits der Zeichen, die wir gebrauchen, um zu verstehen, was uns widerfährt.

Außerhalb unserer sinnlichen Wahrnehmung liegend, ist der Trieb selbst Teil dessen, was uns widerfährt. Er nimmt als Leben in unserem Leben Form an, wenn er in Sprache ausgedrückt wird, in den Zeichen, die unser Sprechen und Handeln strukturieren. Hier ist er eine reale Wirkung des Symbolischen. Dieser reale Aspekt des Triebes lässt ihn erscheinen wie innerhalb des Körpers, als sei er tatsächlich eine instinkthafte Gewalt, ein zwingendes Bedürfnis nach Essen oder Sex. Dieser reale Aspekt des Triebes ermöglicht ihm auch, in unserem Sprechen aufzuscheinen, durch verwirrte, überladene, absurde oder nutzlose Operationen wie Rituale, Kosewörter, Übertreibungen, Automatismen und mantrahafte Zeichen, in denen wir der sinnlosen Wiederholung, der Ideologie als einer Art Maschine unterworfen sind.

Ideologie ist in der Tat eher wie eine Maschine. Sie hat etwas Mechanisches, Tödliches, Betäubendes an sich. Sie ist eine Art Manifestation des Todestriebs. Sie erstickt, was an Neuem in der Wiederholung liegen mag, und wendet Kreativität in etwas Abstumpfendes. Ideologie ist totes Leben, die Illusion von Leben, dessen Ziel der Tod ist. Hier erblicken wir eins der Gesichter des Sex in dieser kranken Welt, Sex aufs Engste verbunden mit Leiden wie auch mit Genuss, das Gesicht des Sex, das Fragen über das Wesen der Subjektivität im Kapitalismus aufwirft, für deren Beantwortung die Psychoanalyse entwickelt wurde. So müssen wir, wenn wir über Trieb sprechen, abermals über Sex sprechen.

Sex

Im Trieb werden unsere biologischen Bedürfnisse, unter anderem nach *Sex*, in soziale Bedürfnisse umgestaltet. Als eine Funktion der Struktur der Familie, des Privateigentums und des Staates werden diese Bedürfnisse sowohl erzeugt und ausgedrückt als auch verdrängt. Kulturelle und historische Institutionen schließen natürliche Neigungen nicht einfach aus, sondern nehmen sie auf, nutzen sie und wandeln sie ab. Zudem stützen sie sich auf sie.

Ein Beispiel: Wenn die instinktive Fortpflanzung der Spezies gesellschaftliches oder familiäres institutionelles Leben zuerst abstützt und anschließend von ihm geprägt wird, dann wird dieser biologische Prozess in menschliche Sexualität verwandelt, vom Anker der Fortpflanzung befreit und auch variantenreicher und komplizierter auf der Ebene des Triebes. So kann die Erotik Konsum, Werbung, die Kulturindustrie und charismatisches Führertum durchdringen. Die Psychoanalyse zeigt, dass selbst wissenschaftliche Arbeit, religiöse Überzeugungen und politische Wertvorstellungen idealisierte, sublimierte und rationalisierte erotische Elemente enthalten.

Sex selbst wird zu einem der Knotenpunkte der Gesellschaft umgeformt, als Relais und als Rebellion gegen Herrschaft. Das ist ein weiterer Grund, warum Sex für die Psychoanalyse zentral ist; Sex fungiert als der historisch begründete symptomatische Kern sozialer Beziehungen in der Klassengesellschaft. Diese Herrschaftsbeziehungen, die auch Kampf- und Konfliktbeziehungen sind, sind um eine sexuelle Achse herum gebaut und basieren auf ihr. Das Patriarchat ist vom Kapitalismus nicht zu trennen. In Konsumverhalten und kapitalistischer Gier zeigt sich hochgradig sexualisiertes Besitzstreben.

Kein Mann ist eine Insel[4], doch der Kapitalismus treibt ihn dazu, sich einzubilden, er sei es und der einzige Weg, jemanden zu lieben, sei, ihn zu besitzen. Frauen, von Männern so oft auf die Ebene eines besitzbaren Gegenstands reduziert, können den gleichen Fehler machen. Wie ein weiser kommunistischer Schriftsteller sagte, ist jemanden zu mögen die beste Art, ihn zu besitzen, und jemanden zu besitzen die schlechteste Art, ihn zu mögen.

Unsere Sexualität ist nicht nur unser tierischster Anteil, sondern auch der menschlichste, der für unser Menschsein charakteristischste. Menschliche Kultur ist das Resultat eines speziellen kulturellen Stoffwechsels der Sexualität. Es liegt in ihrer Beschaffenheit als sexuelle und sexualisierte Wesen, dass Menschen gesellschaftliche Wesen sind. Ihre Sozialisation ist ein Prozess, in dem Sexualität symbolisiert, symbolisch aufrechterhalten und transzendiert wird. Sie wird zum Wort, wird Teil der Sprache und damit des Begehrens, der Liebe, Freundschaft, Solidarität, gesellschaftlicher Beziehungen, kultureller Institutionen, politischen Handelns und anderer symbolischer Praxen, zu denen uns unser Begehren animiert.

Ebenso wenig wie gesonderte präexistente Lebens- und Todestriebe gibt es einen spezifischen Sexualtrieb. Aber der Trieb koppelt sich in unserer Kultur an Sex als etwas zutiefst Persönliches, Privates, Verborgenes. Ob wir es zu vermeiden suchen oder nicht, auf diese Weise ist jede:r mit der Kultur des Sex verkoppelt und mit der Sexualisierung von Waren, um sie verlockender, besser verkäuflich zu machen.

Unsere Sexualität wird durch Herrschaft instrumentalisiert, anstatt ein Mittel der Befreiung zu sein. Unter diesen Bedin-

4 Anm. d. Ü.: Die Autoren beziehen sich hier auf einen Text von John Donne. Im englischen Original heißt es ›No man is an island‹, im Deutschen verbreitet als »Kein Mensch ist eine Insel«. Aber den Autoren geht es hier um die spezifische Genderkonstruktion, daher übersetzt als ›Kein Mann ist eine Insel‹.

gungen kann die psychoanalytische Antwort nicht einfach darin bestehen, mehr Sex zu fordern. Das ist eine Karikatur von Freuds Position, eine Karikatur, die einige der sogenannten »Freudomarxisten« verlockt hat, jene, die die Psychoanalyse zu radikalisieren versuchten, indem sie eine Kombination aus Freud und Marx herstellten, die manchmal, nur manchmal, zu voreilig und zu vereinfachend war.

Wie wir erklärt haben, besteht die Aufgabe nicht darin, vermeintlich präexistente Triebe freizusetzen, um uns glücklich zu machen, weder auf der individuellen Ebene in der psychoanalytischen Praxis noch auf der kollektiven Ebene im politischen Kampf. Die Aufgabe lautet vielmehr, das zu verweigern, von dem uns gesagt wird, dass wir es wollen, und die Bedingungen zu schaffen, unter denen wir besser entscheiden können, was gut für uns alle ist. Anstatt schlicht mehr Sex zu fordern, müssen wir herausarbeiten, wie und warum im Sex Genuss mit Leiden verknüpft ist und wie Sex als Lebensquelle gegen uns gewendet wird, um so zu wirken, als sei er selbst auch Teil des Todestriebs. Um den Trieb wieder zum Leben hinzuwenden, müssen wir ihn mit dem menschlichsten aller Phänomene verbinden, dem Begehren.

Begehren – von anderen

Begehren ist menschlich, denn es wird im Ensemble der gesellschaftlichen Verhältnisse erzeugt, die uns zu menschlichen Subjekten machen. Während der Trieb uns dazu drängen kann, uns selbst als Mittelpunkt der Welt und Herrscher über die Natur anzusehen, und eine wiederholende und bisweilen selbstzerstörerische Form annimmt, ist Begehren eng mit anderen verknüpft. Begehren hat eine eigentümlich dialektische Eigenschaft: Es ist ein Begehren nach anderen und ein Begehren, das es uns von anderen zu erhalten drängt. Die Anerkennung, die wir von anderen begehren, bindet uns an sie, und wir suchen in ihnen etwas, das uns zu ihnen hinzieht, uns sie begehren lässt.

Dies ist die Quelle von Genuss und Leiden in gesellschaftlichen Verhältnissen, und im Weiteren treibt es uns dazu, Kultur als gemeinsames Medium zu erschaffen, ein symbolisches Medium, durch das wir mit anderen teilen können, was wir sind, um an etwas teilzuhaben, das uns gegenüber anders ist. Dieser Trieb und diese Anziehung wirken sowohl auf der Ebene zwischenmenschlicher persönlicher Beziehungen als auch auf der Ebene von Organisationen und bei der Herstellung geteilter Wertvorstellungen, die eine Gemeinschaft verbindet, auch global. Es ist die Haupttriebfeder von individueller sexueller Liebe in Gesellschaften, die dieser Art von Begehren einen Wert beimessen, und von Solidarität in internationalen Netzwerken, wie sie die Befreiungsbewegungen aufbauen. Wir nennen diese Solidarität an dieser Stelle, um Aufmerksamkeit auf einen Aspekt in ihr zu lenken, nicht um sie mittels der Psychoanalyse zu kolonisieren. Unser Begehren, politische Solidarität, ist im Kapitalismus ideologisch an Sex gekettet. Es ist dieser Aspekt, den zu verstehen uns die Psychoanalyse hilft.

Schon in den charakteristischen Formen unserer Subjektivität ist der Trieb in Begehren verwandelt. Als sprechende Wesen befinden wir uns in einem symbolischen Bereich, einem kollektiven Kommunikationsmedium, einem geteilten Raum, in dem wir wahrhaftig menschlich werden. Hier wird unser Begehren nach anderen reflexiv in die höchst unterschiedlichen und komplexen Beziehungsformen transformiert, die wir zwar als tief in uns liegend erleben, die aber auch durch andere, in Aushandlung mit anderen bestimmt werden.

Der Bereich des Symbolischen als etwas von uns Unabhängiges kann sich so leicht und oft in eine maschinenartige Kraft verwandeln, die verschärft wird durch ideologische Wiederholung von entfremdenden Vorstellungen über uns selbst. Entfremdung und Ideologisierung sind zwei Risiken, die wir eingehen müssen, wenn wir Sexualität symbolisieren. Die kulturelle Funktionsweise des sexuellen Bedürfnisses, als wäre es ein unerbittlicher Trieb und ein unbezähmbares Begehren, ist verquickt mit ideologischer Entstellung und Verzerrung von Sexualität, verquickt mit entfremdeten sexuellen Beziehungen, die symbolisch so strukturiert sind, dass sie nicht nur die Reproduktion der Kultur ermöglichen, sondern auch die Aufrechterhaltung von Herrschafts- und Vernichtungsverhältnissen, wie sie im kapitalistischen System dominieren.

Märkte

Im Kapitalismus wird durch Ideologisierung und Entfremdung Leben in Tod verwandelt, Todestrieb, und Kommunikation wird zu Kommodifizierung und Verdinglichung von menschlichen Wesen, menschlicher kreativer Tätigkeit und menschlichen Objekten des Begehrens. Dinge und Waren nehmen den Platz von Menschen ein und üben Befugnisse und Rechte von Menschen aus, wie das Recht auf freien Verkehr, das einem großen Teil der Weltbevölkerung verwehrt wird. Fetischisierte Objekte sind im Kapitalismus, speziell im neoliberalen Kapitalismus, mehr »Subjekt« als die menschlichen Subjekte selbst. Der Kapitalismus stellt Subjekte in den Dienst von Objekten. Er stellt die Interessen des *Marktes* über die der Menschheit. Er lässt die besitzgierigen, akkumulierenden, konkurrenzhaften und zerstörerischen Tendenzen des Kapitals die menschlichen Triebe steuern und bestimmen.

Entfremdete Bedürfnisse werden zur Triebkraft des Marktes, der im Kapitalismus alles umspannt. Dieser Markt umfasst auch die Sexualität. Geschlecht wird in den verschiedenen Formen der Kommodifizierung ausgebeutet, wie etwa die Pornografie im Patriarchat, in der Frauen in Gegenstände verwandelt sind, die man kaufen und verkaufen, besitzen und ausbeuten, genießen und gegen Geld tauschen kann. Hier ist wenig Raum für Begehren, sondern lediglich für den Trieb und für das, was als Instinkt und ideologisch als rein tierischer Instinkt erscheint statt als etwas Menschliches.

Die faktische Reduzierung von Begehren auf Trieb und im Anschluss die ideologische Reduzierung von Trieb auf Instinkt verwandelt unsere schöpferische menschliche Tätigkeit und unsere symbolisch vermittelte Beziehung zu anderen in Dinge, die auf sachliche, starre, automatische und bedeutungslose Weise funktionieren. Unsere Körper, und Teile unserer Körper, werden in entfremdete Stätten stummer, tauber und blinder biologischer Prozesse gewendet, die wir fetischisieren und fürchten. Radikale Aktivist:innen der Behindertenbewegung haben daher darauf aufmerksam gemacht, wie die »Stummen«, »Tauben« und »Blinden« als ideologisch aufgeladene Zeichen für nicht ganz menschliche Wesen fungieren – manchmal sogar zu Objekten reduziert, statt Subjekte zu sein –, nicht ganz »normale« Körper, wie wir sie besitzen sollen, um zu arbeiten, um für unsere Arbeitgeber »Mehrwert« zu generieren.

Diese Prozesse lassen uns außen vor, schließen das Subjekt aus, produzieren aber das Imaginäre. Es ist, als ob die Verbreitung von Vorstellungen über die Natur und das Selbst unabhängig von symbolisch strukturierten, geschichtlich bedingten gesellschaftlichen Verhältnissen vonstattengehen könnte. Es scheint weiterhin so, als würde das, was wir als einen Aspekt des Alltagsverstands erfahren, unmittelbar die Wirklichkeit widerspiegeln.

Der Markt wird heutzutage als die einzige Wirklichkeit aufgezwungen. Alles muss zur Ware gemacht, verkauft, gekauft und ausgebeutet werden. Diese allgemeine Kommodifizierung ist charakteristisch für den Kapitalismus, aber die Produktion kommodifizierter Geschlechterbilder ist ebenso eine Funktion des Patriarchats. Patriarchale Macht ist auch entscheidend für die Tendenzen, die das Kapital unseren Beziehungen zu Dingen und Menschen aufdrückt. Moderne Subjekte, subjektiviert durch Kapitalismus und Patriarchat, verhalten sich zur Welt und zu anderen so konkurrenzhaft, besitzgierig, akkumulierend und zerstörerisch wie der prototypische Macho-Liebhaber zu Frauen. Das ist es, was den Macho-Unternehmer antreibt, und leider manchmal auch den heroischen Anführer in einer sozialen Bewegung.

Wir sollten nicht überrascht sein über das hyper-maskuline und frauenfeindliche Element im Männlichkeitsbild der pro-kapitalistischen neoliberalen Ultra-Rechten. Die gegenwärtige Form des Kapitalismus benötigt *Machismo* als eine subjektive Voraussetzung. Gegen diesen Machismo und andere Ausdrucksformen des Patriarchats zu kämpfen ist ein Weg, das Kapital subjektiv zu untergraben. Aus diesem und vielen anderen Gründen stellt der Feminismus eine Bedrohung für die gegenwärtige Herrschaftsordnung dar, die nach wie vor auf geheimnisvolle Weise hervorruft, was Freud in der mythischen Figur des unterdrückerischen Vaters der Urhorde ausgedrückt hat, wobei er die patriarchale bürgerliche Kernfamilie der modernen kapitalistischen Gesellschaft weit in die Vorgeschichte zurückprojizierte. Das war ein zutiefst ideologischer Schachzug, enthüllt aber heute auch etwas über das Wesen der sexualisierten macho-bürgerlichen Ideologie.

Der Feminismus bedroht nicht nur die subjektive Grundlage des Kapitalismus und die Kommodifizierung von Geschlecht. Er gefährdet auch die persönlich-politischen ideologischen gesellschaftlichen Bindungen, die die bürgerliche Kernfamilie strukturieren, indem er darauf pocht, dass diese Bindungen trügerische imaginäre Formgebungen realer menschlicher Bedürfnisse sind und symbolisch abgesicherte Unterdrückung widerspiegeln. Deshalb ist der Feminismus, nebst den breiteren lesbischen, schwulen, bisexuellen, transgender, queeren, intersexuellen und verwandten Kämpfen, ein unverzichtbarer Bündnispartner der Psychoanalyse im Dienste von Befreiungsbewegungen.

Die Psychoanalyse legt nicht fest, wen oder wie wir lieben sollen, noch gibt sie vor, wie Sex sein sollte oder welche Körper miteinander Sex haben sollten. Trieb und Begehren gehen verschlungene Wege, die für jedes Subjekt einzigartig sind, deshalb besteht eine dringende politische Aufgabe darin, mannigfaltige mögliche Bedingungen zu schaffen, unter denen jene, die Sex haben, oder jene, die sich entscheiden, keinen Sex zu haben, sich selbst definieren und tun können, wofür sie sich entscheiden. Die Psychoanalyse ist nicht dazu da, Menschen an das zu binden, was ihnen suggeriert wird, was Sex sei. Sie ist vielmehr eine Praxis der Selbsterkundung, die uns ermöglicht, unsere Beziehung zu jeglichem »Gut«, das uns als Köder hingehalten wird, zu verändern.

Die Psychoanalyse kann uns helfen, unsere Beziehung zur Welt zu verändern, sei es durch Nachdenken über das, was uns umgibt, sei es durch einen neuen Umgang mit unseren Trieben oder durch das Eröffnen neuer Räume für unser Begehren. Dies alles ist äußerst wichtig für Befreiungsbewegungen, die ihre Beziehung zur Welt, die sie verändern wollen, ebenfalls ändern müssen. Um ihre Ziele zu erreichen, müssen Aktivist:innen ihre Beziehungen zu ihrer nächsten Umgebung und auch zu anderen Menschen grundlegend umgestalten. Sie versuchen das ständig, von Beginn an, indem sie untereinander horizontale Beziehungen aufbauen, mit radikalen Formen der Demokratie experimentieren und Aktions- und Solidaritätsnetzwerke knüpfen.

Die Befreiungsbewegungen bilden Aktionsnetzwerke, um die Welt zu verändern, aber ebenso und ganz entscheidend Solidaritätsnetzwerke, die ihren Aktionsradius schrittweise ausweiten, um jene einzubeziehen, die zwar nicht direkt beteiligt sind, aber das Begehren verspüren, Teil der Veränderung der Welt zu sein. Solidarität ist Liebe zu denen, die uns gegenüber anders sind, in der Ferne wie nahebei. Ihre Wirkung ist symbolisch, nicht lediglich eingebildet. Dies ist der Raum für die Verwirklichung des Triebes in einer Weise, dass er zu einer Kraft für die Ausarbeitung gesellschaftlicher Verhältnisse und einer Kultur wird, in der unser Begehren nach anderen so gestaltet ist, dass wir von ihnen die Anerkennung und Bestätigung erhalten, dass wir nicht bloß Tiere, unsere Körper nicht bloß Maschinen, dass wir Menschen sind.

In diesem Kapitel haben wir uns auf unsere enge Beziehung zum Bereich der Kultur und auf die Einsichten konzentriert, die die Psychoanalyse darüber bereithält, was uns als menschliche Wesen antreibt. Hier nimmt die psychoanalytische Theorie direkt an der Arbeit der Befreiungsbewegungen teil, indem sie von ihnen lernt und ihnen einige zusätzliche Begriffswerkzeuge zum Verständnis dessen gibt, wie Kultur wirkt, wie sie auf schöpferische, konstruktive Weise wirken kann und wie sie verzerrt und in etwas derart Unterdrückerisches und Zerstörerisches wie den Kapitalismus gewendet wird.

Im nächsten Kapitel kehren wir zur psychoanalytischen Praxis zurück. Wir erläutern unseren spezifischen Ansatz bezüglich der unbewussten Wiederholungsarbeit der Triebe und wie diese in Machtverhältnisse eingelassen sind. Macht kommt in die Praxis, weil es eine bestimmte Konstellation von Machtverhältnissen in der Gesellschaft gibt. Die psychoanalytische Begegnung findet in dieser Welt statt, sie ist von dieser Welt, die wir so gern verändern wollen; sie wirkt durch *Übertragung*.

5. Übertragung: Macht, Widerstand und Analyse

Der »Transfer« von strukturellen, Begehren und Macht betreffenden Phänomenen aus einem Bereich in einen anderen, die *Übertragung*, hat in der Psychoanalyse eine technische Bedeutung und Verwendung. Aber Vorsicht, denn Strukturen, strukturelle Beziehungsmuster, werden in allen Bereichen der Gesellschaft wiederholt und nachgebildet, bis hinein in unsere Organisationen und unsere Familien.

Die Psychoanalyse richtet ihr Augenmerk darauf, wie persönliche Beziehungen zu anderen, einschließlich familiär strukturierte Beziehungen, in die psychoanalytische Sitzung übertragen werden und sich in den Zeichen wiederholen, die die Analysierenden gebrauchen, um ihre Beziehung, oder die mangelnde Beziehung, zu ihrem:ihrer Analytiker:in zu gestalten und zu begreifen. Diese reduzierte Lesart, der zufolge die strukturellen Phänomene frühe Liebeserfahrungen betreffen, die im Verhältnis zu Psychoanalytiker:innen wiederholt werden, ist dann auch anfällig für eine ideologische Verallgemeinerung.

Psychoanalytiker:innen sind häufig versucht, ihr eigenes spezielles Verständnis von Übertragung in der psychoanalytischen Begegnung auf andere Bereiche gesellschaftlicher und politischer Herrschaftsbeziehungen »anzuwenden«. Diese Beziehungen werden dann analysiert, als handelte es sich um eine psychoanalytische Sitzung. Sie werden mystifiziert und psychologisiert, wobei die Tatsache ignoriert wird, dass sie einer bestimmten Analyse und Handlung bedürfen, *politischer* Analyse und Handlung, die uns wiederum helfen, das Wesen der psychoanalytischen Behandlung selbst besser zu verstehen. Die verfehlten Versuche, Psychoanalyse auf Bereiche außerhalb der psychoanalytischen Praxis »anzuwenden«, treten auf, wenn die freudsche Perspektive zu einer Weltanschauung wird, die vorgibt, alles zu umfassen und zu erklären; sie geht dann mit einer Idee davon einher, was Gesellschaft ist und sein sollte, und fordert eine bestimmte Art moralischer Positionierung, die wir ablehnen.

Die gleiche Versuchung, Psychoanalyse »anzuwenden«, entsteht, wenn die Behandlung verallgemeinert wird, wenn sie ihren Kompetenzbereich überschreitet, nachdem sie zu einem professionellen Fachgebiet geworden ist, das mit rivalisierenden Psy-Disziplinen wie Psychiatrie, Psychologie, Psychotherapie konkurriert und deren Sprache übernimmt.

In Wirklichkeit ist die Psychoanalyse weder eine Weltanschauung noch eine spezialisierte und im Anschluss verallgemeinerte Disziplin, aber viele Psychoanalytiker:innen lassen sich von ihrem heiklen Wissens- und Kompetenzanspruch verständlicherweise zu der Vorstellung verleiten, dass sie als solche fungieren sollte. Diese Analytiker:innen vergessen ein grundlegendes Prinzip der Behandlung: dass es nämlich die Analysierenden sind, die analysieren, dass es die Analysierenden sind, die etwas Wesentliches über sich zu sagen haben, und nicht die Analytiker:innen.

Den Analysierenden eine Stimme zu geben und ihre Rolle in dem, was sie sagen, anzuerkennen, kann entscheidende, bisweilen befreiende Auswirkungen auf deren Leben und die Art der Beziehungen haben, die sie zu anderen eingehen. Wenn jedoch die Analytiker:innen anstelle des Subjekts sprechen, wird eine Logik der Unterdrückung wiederholt. Wir müssen uns nun der Macht der psychoanalytischen Praxis zuwenden, bestimmte Arten von Beziehung aufleben zu lassen, um sie durchzuarbeiten, sowie den Formen des Widerstands gegen diese Macht. Wir müssen die Rolle der Psychoanalyse als Ressource und ideologisches Modell für persönliche und gesellschaftliche Beziehungen in den Blick nehmen. Das ist etwas Radikales und potenziell Revolutionäres, dessen sich Psychoanalytiker:innen, die mit Befreiungsbewegungen arbeiten, bewusst sein müssen.

Macht (in) der psychoanalytischen Praxis

Die psychoanalytische Praxis hat Macht in dieser Gesellschaft, weil Menschen dort Zuflucht suchen. Sie finden dort Gelegenheit, in einer Weise zu sprechen wie nie zuvor. Die Analytiker:innen, Zeug:innen ihres Leidens und ihres Genusses, hören sie sprechen, ermutigen sie zum Sprechen und machen ihnen dadurch das Unbewusste mehr gegenwärtig. In der psychoanalytischen Sitzung erzeugen und hören die Analysierenden Verbindungen zwischen Zeichen, die sie bis dahin vielleicht nie hergestellt, nie gehört, die sie nie vorher berührt haben. Selbst Menschen, die die Praxisräume von Analytiker:innen niemals betreten, vermuten, dass dort etwas Sonderbares passiert. Manchmal fühlen sie sich bedroht durch das, worüber gesprochen wird, insbesondere, wenn jemand ihnen Nahestehendes (vielleicht über sie) mit einem:einer Analytiker:in spricht. Auch die Herrschenden, die gern totale Kontrolle und totales Wissen darüber hätten, was ihre Untertan:innen sagen, betrachten den Praxisraum als privaten Raum zum Aussprechen privater Gedanken manchmal als Bedrohung.

Die Macht der psychoanalytischen Praxis, eine potenziell subversive Macht, kann missbraucht werden, deshalb besteht die Aufgabe der radikalen Psychoanalyse darin, diesen Raum zu schützen und sein radikales Potenzial mit Befreiung statt Unterdrückung zu verbinden. Diese Aufgabe verlangt von Psychoanalytiker:innen zuerst und zumindest, dass sie darauf verzichten, die Analysierenden zu überreden, zu beeinflussen oder ihnen etwas in den Mund zu legen. Das wiederum erfordert äußerste Zurückhaltung und jede Menge Schweigen.

Zumeist schweigen die Analytiker:innen und geben nicht vor, genau zu wissen, was die Worte der Analysierenden bedeuten. Die Macht der Analytiker:innen in der psychoanalytischen Praxis hat mit den Grenzen zu tun, die diesen besonderen Ort definieren. Sie hat mit dem zu tun, was dort in jedem einzelnen Moment übertragen wird, und mit der Möglichkeit, die Grenze zwischen Bewusstsein und Unbewusstem für die Analysierenden sichtbarer zu machen. Die Aufgabe der Analytiker:innen liegt nicht im Erraten dessen, was innerhalb des Unbewussten liegt, so als würden sie einfach eine Kiste in der Psyche öffnen. Und noch weniger ist es ihre Aufgabe, die Analysierenden aufgrund vermeintlicher Fachkenntnisse zu beraten. Die Analytiker:innen besitzen ein Wissen über das Wesen der Sprache, nicht jedoch über die spezifisch einmalige Weise, in der die Analysierenden ihre je eigenen Zeichen benutzen, um ihre Fantasien und ihre Beziehungen zu anderen zu strukturieren.

Objektivität

Worte können in der psychoanalytischen Praxis nicht anhand eines angeblichen Fachwissens der Psychoanalyse erklärt, verstanden und beantwortet werden, wie es Psychologie und Psychiatrie mit ihren vorgeblich objektiven wissenschaftlichen Kenntnissen tun würden. Subjektivität ist notwendiger Bestandteil der psychoanalytischen Begegnung. Hier hat *Objektivität* eine gänzlich andere Bedeutung. Der Mainstream-Psy-Komplex ist einer falschen Vorstellung von Wissenschaft verhaftet und versucht dann, diese Vorstellung in der Arbeit mit menschlichen Wesen umzusetzen. Dieser Berufsstand und seine Angehörigen, die von denen, die sie behandeln, getrennt sind, machen einen doppelten Fehler: erstens in ihrer irrigen Vorstellung von Naturwissenschaft und zweitens in ihrem Versuch, diese in ihrer praktischen Arbeit durchzusetzen.

Es liegt in der Natur unserer reflexiven, gespaltenen Subjektivität als menschliche Wesen, dass »Objektivität« Subjektivität nicht ausschließt, *nicht* das Gegenteil von Subjektivität ist wie bei einem Nullsummenspiel. Dies ist eine weitere zentrale Lehre der Psychoanalyse, die für jede Befreiungstheorie und für unsere eigene Praxis als Analytiker:innen wichtig ist. Das falsche Ideal der »Objektivität«, dem die Mainstream-

Psy-Profis anhängen, ist letztlich ein Ausdruck der subjektiven Sphäre, der sie nicht entkommen können. Es ist eine Version der Subjektivität, aber eine entfremdete, unbewusste Version. Es ist eine besondere, verzerrte Form der Subjektivität, die sich selbst nicht als solche erkennt. Sie versuchen ihr zu entkommen und scheitern.

Was die herkömmlichen Psy-Profis für ihre »Objektivität« halten, ihre angeblich neutrale, distanzierte Haltung gegenüber Menschen in Not, ist nichts dergleichen. Sie ist stets von Subjektivität durchflutet, strukturiert durch eine bestimmte Position und Erfahrung, die in Betracht zu ziehen sie sich weigern. Die Haltung, die sie einnehmen, wenn sie Menschen wie Gegenstände behandeln, als wären es Apparaturen, die »gehandhabt« werden können, ist die von Herren und Meistern im Vollbesitz alles notwendigen Wissens, von dem ihre bedauernswerten Patient:innen keine Ahnung haben. Die Psy-Behandlung selbst ist nicht nur etwas Unpersönliches, das auf objektivem Wissen beruht, sondern beinhaltet bereits zwei persönliche Beziehungen, die Triebe, Genuss und Begehren einschließen: eine subjektive Beziehung von Profis zum vorgeblich objektiven Wissen und eine Machtbeziehung von Profis, die sich selbst als Subjekte sehen, die an ihren Patient:innen als Gegenständen arbeiten.

Im Innern gründet die Objektivität des vermeintlichen Wissens der Psy-Profis auf Subjektivität. Daher fühlen sich diese »objektiven« Praktiker:innen umso mehr bedroht, wenn die Psychoanalyse aufzeigt, dass ihre Macht zerbrechlich ist und sie selbst gespaltene Subjekte sind. Psychoanalyse zeigt uns, wie wir stets in Verhältnis zum Wissen und niemals im Vollbesitz des Wissens agieren, und dass dieses Verhältnis zum Wissen als eine Form von Subjektivität verstanden werden muss. In dieses Verhältnis zum Wissen gießen wir unsere Hoffnungen und Ängste, unser Gefühl der Entfremdung und unsere Fähigkeit zu sprechen und zuzuhören, wenn andere in der psychoanalytischen Begegnung zu uns sprechen.

Im Gegensatz zu Psychiater:innen und Psycholog:innen reklamieren Psychoanalytiker:innen für sich kein Spezialwissen über das einzelne Subjekt, das während der psychoanalytischen Sitzung zu ihnen spricht. Und sie sollten auch nicht vorgeben, darüber zu verfügen. Das sprechende Wesen, dem sie zuhören, ist ein Subjekt, kein Objekt, kein Wissensgegenstand. Die Analytiker:innen müssen sich von dem Anspruch befreien, etwas über die Analysierenden zu wissen, wie auch vom Begehren nach Macht über sie. Das Begehren nach Macht, das in der psychoanalytischen Praxis als Erstes aufgegeben werden muss, ist genau das, welches dem vermeintlichen und von den Analysierenden unterstellten Wissen der Analytiker:innen innewohnt: das Begehren nach Unterweisung, Überredung und Beeinflussung.

Analysierende sollten von Analytiker:innen nicht überzeugt oder absichtlich manipuliert oder beherrscht werden, so wie es Psychiater:innen, Psycholog:innen, Psychotherapeut:innen, Eltern, Freund:innen, Kolleg:innen, Vorgesetzte, Lehrkräfte, Prediger:innen, Ideolog:innen, Intellektuelle, Politiker:innen, Journalist:innen, Verleger:innen, Unternehmer:innen oder Werbeleute tagtäglich tun.

Begehren nach Macht findet sich in jeder Faser dieser menschlichen Gesellschaft. Es wird zu einem tödlichen Trieb bei denen, die Kapital anhäufen, und bei denen, die sich bereitwillig, wenn auch unbewusst zur Ware machen. Es wirkt bei den Rassist:innen, die Herrschaft über andere begehren, und bei denen, die sich bereitwillig, wenn auch unbewusst zu Opfern machen. Und in den Befreiungsbewegungen wirkt Begehren nach Macht bei denen, die einen Ausweg aus Entfremdung und Unterdrückung in bürokratischen Apparaten suchen, die dann andere repräsentieren und an ihrer Stelle sprechen, anstatt die Menschen zu befähigen, für sich selbst zu sprechen. Derlei symbolisch strukturierte Formen von Begehren und Macht werden durch die Analysierenden in der psychoanalytischen Sitzung infrage gestellt und angefochten.

Die Psychoanalyse eröffnet einen Raum, in dem Macht und das Begehren nach Macht übertragen und behandelt werden können. Das ist auch der Grund, warum Übertragung in der psychoanalytischen Praxis so entscheidend ist. Was in den Praxisraum »übertragen« und den Analysierenden empirisch sichtbar gemacht wird, von ihnen gehört wird in den Zeichen, die sie selbst benutzen, um ihre Erzählung zu strukturieren, ist die einzigartige Verknüpfung von Begehren und Macht, die sie zu denen gemacht hat, die sie in der gesellschaftlichen Struktur, in die sie hineingeboren wurden, sind.

Familien

Eine der wirkmächtigsten der symbolisch abgesicherten gesellschaftlichen Strukturen ist die *Familie.* In der modernen westlichen und mittlerweile globalisierten Version dieses Apparats ist die Familie zu einem Mechanismus mit eindeutig verteilten stereotypischen Geschlechterrollen verdichtet. Dieser Mechanismus ist die patriarchale strukturelle Kernmatrix. Ein derart mächtiges Modell, eine gesellschaftliche Struktur, ist sie nicht etwa deshalb, weil sie als solche wirklich existiert – auch wenn manche Leute tatsächlich in einer Kernfamilie bestehend aus Mutter, Vater und u. U. einem Bruder, einer Schwester leben –, sondern weil sie ideologisch als stereotypische normative Struktur wirkt.

Dieses Modell wird als Ideal vorgestellt, damit die Menschen ihm nachstreben und es als Mangel empfinden, wenn sie in einem Haushalt ohne Mutter, ohne Vater, ohne Geschwister leben oder mit anderen Bezugspersonen und Kindern, zu denen keine Blutsverwandtschaft besteht. Es scheint, als wären alle glücklichen Familien gleich, gerade weil dieses Bild von Familie eine so wirkstarke mythische Kraft ist. Umso trauriger also, dass einige Psychoanalytiker:innen es in ihren Theorien über »normale« und »abnormale« Entwicklungswege durch das, was sie als »Ödipuskomplex« bezeichnen, als ein Ideal präsentieren.

Ödipus, der in der griechischen Sage als Totgeglaubter durch eine Verkettung höchst sonderbarer Umstände unwissentlich seinen Vater ermordete und seine Mutter heiratete, liefert die Matrix für ein bestimmtes Set von Familienbeziehungen, und das insbesondere unter konservativen Psychoanalytiker:innen. Diese Sage und diese Beziehungen bilden auch die Grundlage für ein Drama der Rivalität zwischen dem männlichen Kind und seinem Vater sowie seine Liebe zur Mutter. Und wenn dies als normatives Modell in die psychoanalytische Praxis einzieht, führt das in der Tat zu einer Form von ideologischer »Ödipalisierung« der Psychoanalyse. Was bei Mädchen abläuft, wird als Mysterium angesehen. Konservative Psychoanalytiker:innen behandeln Weiblichkeit bestenfalls als etwas Rätselhaftes, einen »dunklen Kontinent«, und schlimmstenfalls schlicht als Gegenstand, als Teil der Bühne im ödipalen Drama der Männlichkeit.

Doch genug davon, die meisten Psychoanalytiker:innen sind darüber hinaus und erkennen die Begrenztheit dieses Familienmodells, und wir Befreiungsaktivist:innen müssen sie ermutigen, mit der Familienideologie insgesamt zu brechen. Wir können beharrlich darauf pochen, dass diese Matrix machtvolle Ideale errichtet, mit denen Menschen sich identifizieren, und dass es in der praktischen Arbeit der Psychoanalyse auch darum gehen muss, den Einfluss dieser Ideale auf die unbewussten Fantasien der Menschen über die Natur sexuellen Genießens und Leidens zu bekämpfen. In der psychoanalytischen Begegnung wird diese Matrix häufig in der Übertragung zum Leben erweckt; und die psychoanalytische Arbeit ermöglicht uns, sie hinter uns zu lassen. Unsere Psychoanalyse zielt auf eine andere Welt, auf etwas anderes als das Gleiche.

Das Problem ist, dass das Gleiche immer wiederkehrt. Die ödipale patriarchale Kernmatrix wird zum emotional aufgeladenen Modell für politisch-ökonomische Strukturen, mit denen sich dann die Psychoanalyse befasst und die den Ödipuskomplex zu bestätigen scheinen – was logisch ist, schließlich sind sie untrennbar mit dessen ideologischer Matrix verbunden. Diese Strukturen können in der psychoanalytischen Begegnung »durchgearbeitet«, aber niemals vollständig überwunden werden. Sie zu demontieren und zu beseitigen ist eine Aufgabe der Befreiungsbewegungen.

Ein Problem, das die Übertragung mit sich bringt, ist, dass die eigentümlichen Formen der Macht, die in der psychoanalytischen Praxis in der Beziehung zwischen Analysierenden und Analytiker:innen verdichtet sind, sehr leicht wieder nach draußen »übertragen« werden, wenn die Analysierenden aus der Analyse kommen. Diese Art »Übertragung« passiert nach jeder Sitzung, indem Analysierende in der Welt außerhalb der Praxisräume Beziehungen in ähnlicher Weise erleben mögen, wie sie in der Beziehung zu den Analytiker:innen hergestellt wurde.

Diese Art Übertragung geschieht manchmal, wenn die Analyse abgeschlossen ist, selbst wenn sie erfolgreich war und den Analysierenden ein weniger leidvolles Leben ermöglicht. Es kann dann sein, dass Analysierende die Übertragung idealisieren, weiterhin überall danach Ausschau halten und die Psychoanalyse predigen, als sei sie ein Heilmittel für alles und alle. Hier ist eine Falle in der »Anwendung« der Psychoanalyse, eine umso tiefere Falle, als sie sich auf eine intensive emotionale Erfahrung gründet, eine gelebte Beziehung, und nicht lediglich auf Theorie, nicht lediglich auf die Wendung von psychoanalytischer Theorie in eine Weltanschauung.

Die psychoanalytische Praxis kann so machtvoll sein, weil sie mehr ist als die bloße Umsetzung von Theorie in Praxis. Sie ist ein erfahrungsbasierter Resonanzraum, in dem die Analytiker:innen die Bedingungen für die Behandlung so gestalten, dass die Wiederholung und Verdichtung der strukturellen Bedingungen möglich wird, die das Leben der Analysierenden geformt haben. Die Analysierenden gehen nicht nur mit dem um, was in der Behandlung geschieht, und sprechen nicht nur unmittelbar mit den Analytiker:innen, sondern beziehen sich indirekt auf alles, was dadurch für sie repräsentiert wird. Ihrem Verständnis von ihrer Erinnerung, ihrer

Kindheit, ihrer familiären Matrix und den politisch-ökonomischen Strukturen, die sich in dieser Matrix bilden, wird eine bestimmte Form gegeben.

All dies symbolische Material findet sich dann in der Übertragung – der Nachbildung der Vergangenheit in der psychoanalytischen Sitzung – und bestimmt die Bedingungen für die Behandlung und das Sprechen der Analysierenden, was beides innig mit einer engen körperlichen Beziehung verknüpft ist.

Die psychoanalytische Begegnung schließt den Körper und die Sexualität nicht aus. Genauso wenig vernachlässigt sie das Verhältnis des Körpers zu Strukturen und Macht, denn sie eröffnet dem Subjekt einen Raum, in dem es sprechen kann wie nie zuvor. Ganz im Gegenteil sind diese Fragen für die Psychoanalyse zentral, da das individuelle Subjekt seinen Schmerz und sein Leiden wie auch seinen Genuss durch den Körper auslebt.

Dieses Genießen und Leiden hat eine sexuelle Dimension, unabhängig davon, ob sie in der realen Welt bewusst ausgelebt wird. Sie wird in der Fantasie ausgelebt, und es ist diese Fantasie, die sich in der Analyse herauskristallisiert und über die gesprochen wird. Psychoanalyse stellt einen Raum zur Verfügung, in dem dieses Material in Sprache gefasst werden kann, und so kann das Subjekt in der Übertragung durcharbeiten, wie es gebildet wurde.

Diese heiklen Themen, die im Alltagsleben fortwährend ausgelebt, erlitten, verschwiegen oder mit einem Geheimnis umgeben werden, können durch das Augenmerk auf Sprache in der Psychoanalyse behutsam behandelt werden. In den Praxisräumen wird über Begehren gesprochen, anstatt es schlicht auszuagieren. Anstatt ausgelebt und gefühlt zu werden, wird es hier aufgefangen, durchdacht und hinterfragt. Auf diese Weise hören und sprechen die Analysierenden die Wahrheit über das Verhältnis, das sie zwischen Begehren und Macht geschmiedet haben, die Wahrheit über ihr körperliches Verhältnis zu anderen Menschen und zu gesellschaftlichen Strukturen.

Die Begegnung mit Begehren und Macht in der Übertragung als Nachbildung von und Reflexion über persönlich-politische Strukturen ermöglicht es den Analysierenden, ihrem Unbewussten und ihren unwissentlichen Interpretationen dieser Strukturen auf der Ebene der *Fantasie* zu begegnen.

Im Widerspruch zu Karikaturen der Psychoanalyse, denen zufolge Fantasie wie eine Naturgewalt im Kopf des Individuums hervorsprudelt und dann durch die Zivilisation im Zaum gehalten wird, bestehen wir darauf, dass diese Fantasie *konstruiert* ist. Sie wird durch das Subjekt ausgearbeitet und innerlich geordnet. Sie ist so etwas wie die Handlungslinie einer Geschichte, bestehend aus Zeichen, die Sinn ergeben und eine von Begehren angetriebene Interpretation der Wirklichkeit anbieten.

Die Fantasie ist eine Inszenierung von Begehren, die immer ein *Subjekt* beinhaltet. Sie bestimmt, wer dieses Subjekt in seinem Genießen und Leiden ist. Und sie beinhaltet *Objekte*, von denen die Subjekte auf einer unbewussten Ebene annehmen, dass sie ihnen Befriedigung verschaffen. In der Übertragung in der psychoanalytischen Begegnung ist Fantasie eine Bühne, mit den Analytiker:innen als Double für die anderen und für die Objekte, die dem Subjekt einen Nervenkitzel verschaffen und in ihm Beklemmung auslösen. Das ist der Grund, warum die Analysierenden den Analytiker:innen in der Übertragung Macht zuschreiben. Diese Macht ist Teil der Fantasie, eine Nachbildung der Macht, die das Subjekt bereits in Knechtschaft hielt.

Macht in der psychoanalytischen Praxis ist ein Effekt dessen, was in der Fantasie geschieht, ein Effekt der Inszenierung von Begehren, aber auch der Zuschreibung von Wissen an die Analytiker:innen. Die Analysierenden nehmen an, die Analytiker:innen wüssten über sie Bescheid, aber im Verlauf der Analyse erkennen sie, dass das nicht zutrifft. Das kommt auch außerhalb der Praxisräume vor, in anderen Lebenssituationen, in denen bestimmte Personen, wie Verwandte, Partner:innen, charismatische Theoretiker:innen oder politische Führer:innen, erhebliches Wissen über uns zu haben scheinen und daher auch erhebliche Macht über unser Leben – zumindest so lange, bis wir enttäuscht werden und frei von ihnen sind, wenn unsere Fantasie sich auflöst. Der Unterschied in der psychoanalytischen Begegnung besteht darin, dass diese Übertragung, ein »Transfer« von Macht, den Analysierenden erlaubt, darüber zu reflektieren und zu sprechen, was genau in dem Moment geschieht, in dem die Beziehung in den Zeichen ausagiert wird, die sie benutzen, um zu strukturieren und auszudrücken, wer sie sind.

Der psychoanalytische Praxisraum ermöglicht das Sprechen und Nachdenken über Fantasie, anstatt sie schlicht auszuleben. Die innere Verbindung zwischen symbolischen Strukturen und dem Subjekt, die subjektive Verwurzelung der Strukturen wird so den Analysierenden offenbar. Auf diese Weise sehen die Analysierenden der Macht ins Auge und können ihr ihre Wahrheit sagen, die Wahrheit ihrer Existenz, des Begehrens. Die Analytiker:innen tragen die ethische Verantwortung, mit diesem Begehren umzugehen und die Behandlung, nicht aber die Analysierenden anzuleiten. Dies ist eine Macht der besonderen Art, strukturiert durch Übertragung, ins Leben gerufen in der psychoanalytischen Sitzung. Sie muss sorgsam gehandhabt werden, wobei die Befreiung von dieser Macht durch deren akkurate Deutung seitens der Analysierenden erfolgt.

Wir wiederholen: Die Analyse findet nicht durch schlaue Deutungen seitens der Analytiker:innen statt. Es sind die Analysierenden, die analysieren, und es sind die Analysierenden, die die Übertragung interpretieren. Die Analytiker:innen lenken die Behandlung, damit die Analysierenden die Macht ergreifen können, sich selbst anzuleiten und in der Psychoanalyse als Redekur die Wahrheit auszusprechen.

Die Analytiker:innen können nicht direkt auf das eingehen, was die Analysierenden von ihnen erwarten. Sie müssen abwesend sein und als Leerstelle erscheinen, in der die Analysierenden ausarbeiten, was zu sagen notwendig ist. Zwar treten die Analytiker:innen als Objekt des Begehrens auf, jedoch lediglich in Form von Gesprächspartner:innen, mit denen über dieses Begehren gesprochen wird. Sie weichen dem Begehren aus, so dass die Analysierenden besser erkennen, wie und mit welchen Folgen es inszeniert wird. Die Analytiker:innen sind in der Lage, es in der Übertragung zu nutzen, und sodann ihre eigene Anwesenheit aufzulösen, aufzuheben, zu verwerfen und vergessen zu machen. Die Analytiker:innen wissen, ein Ausleben der Fantasie in der Realität zuzulassen, statt sie in Sprache zu überführen, wäre ein Machtmissbrauch. Zu schnell voranzuschreiten, eine Abkürzung in Richtung Handeln zu empfehlen, würde die Analysierenden an der gleichen Stelle belassen, den gleichen Machtformen unterworfen, die sie ursprünglich überhaupt erst in die Analyse gebracht haben.

Genau deshalb vermeiden Analytiker:innen Körperkontakt, weil diese Art der Befriedigung – für die Analysierenden möglicherweise auf einer unmittelbaren Ebene befriedigend – die analytische Beziehung zerstört. Sex anstelle der Analyse hat eine tödliche Doppelwirkung: Die Übertragung wird in blinde Machtausübung gewendet. Damit wird auch die Übertragung, wie die Psychoanalyse sie versteht, zunichte. Statt sich durch Sprechen von der Übertragung zu befreien, sind die Analysierenden dann in einer verzerrten Version der Übertragung gefangen. Die Analytiker:innen als diejenigen, denen Macht zugeschrieben wurde und von denen die Analysierenden annahmen, sie wüssten etwas über sie und die Tiefen ihres Daseins, verwandeln sich tatsächlich in Herren und Meister; und die Analytiker:innen, die diesen schicksalhaften Schritt über die Sprache hinaus zur körperlichen Befriedigung machen, sind solche, die ihre Herrschaft genießen, Herrschaft ausgedrückt durch Sex. Das ist eine Abkürzung, die Genuss und Leiden zusammenknüpft, anstatt ihre Verknüpfung aufzulösen.

Die Wiederholung von Formen der Macht und des Begehrens gewinnt durch Übertragung in der psychoanalytischen Praxis eine unheimliche Dimension. Sie ist unheimlich, gerade weil sie zwei widersprüchliche Aspekte von Subjektivität verbindet: Begehren, geweckt und unterdrückt durch Macht; und Macht, gestützt und untergraben durch Begehren. Vergesst nicht, dass Begehren Form annimmt durch die Art, in der es verboten ist. Das ist ein Grund, warum die Inszenierung von Begehren in der Fantasie ebenso Elemente von Beklemmung und Schuld enthält wie Elemente der Befriedigung durch Überschreitung.

Auch in diesem Sinne weckt Macht Begehren und unterdrückt es, so wie Begehren Macht stützt und vorgibt, sie zu überwinden. Darüber hinaus beinhalten Macht und Begehren Wechselbeziehungen zwischen dem Politischen und dem Persönlichen, und sie offenbaren die Trennung, die Kluft, die Verbindungen und die Konflikte zwischen Bewusstsein und Unbewusstem. All dies macht die Übertragung unheimlich.

Die Übertragung legt Elemente persönlich-politischer Verhältnisse im Dasein der Analysierenden offen, üblicherweise aus der Vergangenheit und in ihrer Familie, familiäre Beziehungen, die wiederholt wurden und gegenüber den Analytiker:innen bewusst beschrieben werden können. Sie bringt auch unbewusste Elemente hervor, die durch Verdrängung aus dem Bewusstsein ausgeschlossen waren, Verdrängung, die sich auf das bezieht, was im Patriarchat so schwer mit Bedeutung aufgeladen ist, eine Form sexuellen Begehrens. Dieses unterdrückte und patriarchalisierte Begehren beinhaltet Macht. Es ist durch unbewusste Wiederholung im Leben der Subjekte ständig präsent und färbt vieles von dem ein, was sie in die psychoanalytische Begegnung übertragen.

Indem die Übertragung in der Sprache Gestalt annimmt, in den Zeichen, die sie in der psychoanalytischen Sitzung zur Wirkung bringt, besteht auch die Möglichkeit zu verfolgen, was mit dem Begehren passiert. Es wird momentan bewusst gemacht und wirkt doch weiterhin auf unbewusster Ebene.

Fantasie wird in der Psychoanalyse nicht aufgelöst, aber wir können besser verstehen, was wir als Analysierende mit ihr anstellen.

Wahrheit

Nicht alles kann in Worten ausgedrückt werden, und die *Wahrheit*, die in der psychoanalytischen Praxis zum Vorschein kommt, die Art subjektiver Wahrheit, die durch die Übertragung ermöglicht wird, ist immer noch gespalten zwischen dem, was sofort und auf der Stelle bewusst ist, und jenem, was weiterhin unbewusst wirkt. Die Wahrheit ist »halb ausgesprochen«, aber das genügt; das eröffnet dem Begehren neue Wege. Übertragung ist eine Falle und gleichzeitig die Chance für das Subjekt, aus dieser Falle zu entkommen. Sie wiederholt die Form vergangener Beziehungen eben dafür, dass zukünftige Beziehungen anders sein können.

Analyse verbindet Kritik und Veränderung in einem notwendigen dialektischen Prozess des Wandels, in dem das Verstehen dessen, was geschieht, zugleich genau der Moment ist, in dem wir aufgrund dieses Verstehens anders handeln. Das gilt für die politische Analyse wie für die Psychoanalyse. Unser Dasein lässt sich verändern durch den simplen Akt des Sprechens und Nachdenkens über unsere Symptome, durch deren Interpretation, durch das Wissen um die verdrängte Wahrheit, die wiederkehrt und uns zu dem macht, was wir sind.

Die Unterdrückung von Sexualität und die Weise, wie Sexualität somit für jedes einzelne Subjekt durch patriarchale gesellschaftliche Verhältnisse geformt wird, sind entscheidend für die Praxis der Psychoanalyse, weil sie zur Entstehung eines spezifischen, disziplinierten Typus des Subjekts beitragen. Er ist charakterisiert durch bestimmte Symptomarten, Probleme, Leiden, Formen des Gedächtnisverlusts, bestimmte vergessene, halb erinnerte und wiederholte Dinge. Die unterdrückerische und patriarchale Normalisierung des Begehrens ermöglicht eine spezifische Subjektwerdung, indem sie die

Unterwerfung, Beherrschung und Ausbeutung von Menschen und deren Bedürfnissen im Kapitalismus ermöglicht, ebenso wie die Akzeptanz von so willkürlichen Formen der Ordnung wie Rassismus und Kolonialität. All dies mag in seinen Erscheinungsformen im gleichen Maße bewusst sein, wie es in seinen Ursachen und seiner Logik unbewusst ist.

Durch die Übertragung zentraler Formen unseres persönlichen Daseins in die psychoanalytische Begegnung können wir uns der unbewussten Aspekte der Subjektwerdung bewusst werden, aber auch unmittelbar durch unser gesellschaftliches Dasein, etwa durch das Mitwirken in Befreiungsbewegungen und an anderen Veränderungspraxen, die in der modernen Gesellschaft »kurierend« wirken. Davon gibt es viele, nicht nur psychoanalytische und nicht immer innerhalb psychoanalytischer Praxisräume.

Widerstand (in) der Praxis

Der Praxisraum ist der Ort für die Reproduktion von Machtbeziehungen. Aber die Psychoanalyse begreift diese Machtbeziehungen als Übertragung. Daher wissen wir, dass unsere eigenen redlichsten Bemühungen als Psy-Profis, diese Macht in Form der Übertragung zu »interpretieren« oder sie zu früh wegzuwünschen, scheitern werden. Als Psychoanalytiker:innen steuern wir stattdessen die Behandlung und nutzen unsere Macht lediglich dazu, sie in genau die Richtung zu lenken, die den Analysierenden ermöglicht, ihre Wahrheit auszudrücken. Die Analysierenden müssen diejenigen sein, die in der Übertragung sprechen, damit sie besser in der Lage sind, deren Macht aufzulösen. Genauso kann den Befreiungsbewegungen die Macht nicht übergeben werden, sondern sie müssen sie selbst ergreifen. Befreiungsbewegungen und Analysierende können ihre Mission nur vollenden, wenn sie an sich und für sich selbst erkennen, was sie tun. Wenn diese Erkenntnis und Selbst-Erkenntnis der Wahrheit entsprechen, dann geht der Prozess des Begreifens der Welt zeitgleich mit deren Veränderung einher.

Die Macht der Übertragung in der psychoanalytischen Begegnung gibt der Macht eine subjektive Form in einer Weise, dass sie aufgelöst werden kann. In diesem Sinne trifft es zu, dass wo Macht ist, auch Widerstand ist. Es ist daher notwendig, das Wesen von Widerstand sowohl in der psychoanalytischen Praxis als auch außerhalb zu verstehen.

Praxis

Was ist *psychoanalytische Praxis*? Die »Praxis« wirkt nicht nur innerhalb der materiellen Struktur des Praxisraums; bedingt durch die Verbreitung des psychoanalytischen Diskurses in der gegenwärtigen Gesellschaft hat sie auch eine symbolische Dimension der Existenz außerhalb davon. Das verschafft der Psychoanalyse ein eigenartiges Prestige bei denen, die für eine Behandlung bezahlen können, und erweckt aus gutem Grund Misstrauen bei denen, die das nicht können. Das Wissen und die Macht, die der Psychoanalyse zugeschrieben werden, können diskutiert oder abgelehnt, aber auch monopolisiert und benutzt, geduldet und beneidet, verfälscht und verdorben, genauso wie weiterverbreitet und demokratisiert oder untergraben und in etwas völlig anderes verwandelt werden. Wissen und Macht sind Teil des ideologischen und kulturellen Reichtums, um den es in Klassenkämpfen und anderen kollektiven Versuchen der Befreiung geht.

Wir müssen uns darüber im Klaren sein, dass die besondere Macht der Übertragung in der psychoanalytischen Praxis – die neuerliche Herstellung eines Gefühls der Abhängigkeit auf Seiten der Analysierenden durch das Aussprechen der speziellen Zeichen, die sie gebrauchen, um über die Anwesenheit der Analytiker:innen, zu denen sie sprechen, zu reflektieren – durch die Analytiker:innen benutzt wird. Aber dieser Übertragungseffekt ist nicht auf die Praxisräume von Analytiker:innen beschränkt.

Der Einfluss des psychoanalytischen Diskurses ist weltweit so groß, dass viele andere Formen des Heilens, seien sie körperlich oder seelisch, medizinisch oder spirituell, durch die Art des Wissens beeinflusst werden, die die Analysierenden den Analytiker:innen zuschreiben. Dieses unterstellte Wissen, das in der Psychoanalyse lediglich zum Zweck seiner Selbstauflösung existiert, ist die Hauptsäule der Autorität und des Prestiges vieler Mediziner:innen und Psy-Profis.

Die Übertragung wurde ja von Freud nicht eigentlich erfunden, sondern von ihm in Begriffe gefasst und benutzt. Fortschrittliche Psychoanalytiker:innen wissen sie so zu nutzen, dass sie auch aufgelöst werden kann. Psychoanalyse knüpft immer an eine bereits existierende Art der Übertragungsmacht an, den Effekt der Wiederholung von kleinräumig verdichteten Machtbeziehungen im Verhältnis zu einer anderen Person. Aber sie lenkt sie in eine bestimmte Richtung. Die Psychoanalyse fußt auf historisch entstandenen Praktiken religiöser Traditionen und schamanischen Heilens und natürlich auf der Macht der Mediziner:innen, geradezu magische Heilmittel für körperliche Gebrechen zur Verfügung zu stellen.

Im Unterschied zu anderen Praktiken muss die Psychoanalyse bei der Übertragung besonders verantwortungsvoll vorgehen und sicherstellen, dass die Wege aus ihr heraus genauso gründlich durchdacht sind wie die Wege hinein. Diese Wege mögen für die Analysierenden nicht gründlich durchdacht sein – wie sollten sie auch, da sie ihnen unbewusst sind –, aber auf Seiten der Analytiker:innen sind sie gründlich durchdacht als Teil ihres Wissens über gesellschaftliche Strukturen und Sprache, das sie während ihrer Ausbildung erworben haben. Unsere Verknüpfung der Psychoanalyse mit Theorie und Praxis der Befreiungsbewegungen bedeutet, dass wir Freuds Ausführungen zur Ausbildung von Analytiker:innen dahingehend erweitern sollten, dass sie eine Analyse der Macht und der Stellung der psychoanalytischen Praxis in existierenden Machtapparaten einschließt.

Für Freud war offenkundig, dass zu den wichtigsten Anforderungen in der psychoanalytischen Ausbildung neben medizinischem und »psychologischem« Grundwissen Kenntnisse in Geschichte und Literatur gehören, um die Analytiker:innen besser zu befähigen, ihre Arbeit in ihrer eigenen Kultur und in der Kultur der Analysierenden zu begründen. Psychoanalytiker:innen heute brauchen auch Grundkenntnisse in den Prinzipien politischer Befreiung. Nur dadurch können sie den Unterschied erkennen zwischen ihrer Macht, die Behandlung in der Übertragung zu steuern, und ihrer Stellung innerhalb gesellschaftlicher Machtregime, die ihrer Praxis in einigen Kulturen einen privilegierten Status einräumen.

Weiterhin sollten Psychoanalytiker:innen anerkennen, dass es viele andere Praxisformen gibt, politische und sogar spirituelle, in denen Subjektivität reflektiert und verändert wird. Weit entfernt davon, die Psychoanalyse zu predigen, als wäre sie eine Weltanschauung oder der einzige Weg zu persönlicher Erlösung, müssen Psychoanalytiker:innen erkennen, dass sie lediglich eine Praxis unter vielen ist, die sich Macht zunutze machen, und zwar auf eine Weise, die der »Übertragung« verwandt ist. Der entscheidende Unterschied, der die Psychoanalyse von den meisten anderen Formen der Behandlung abhebt, ist: Wir analysieren Macht und nutzen sie gleichzeitig, um Subjektivität zu analysieren, oder besser gesagt: Wir Analytiker:innen nutzen Macht, um die Behandlung so zu lenken, dass es den Analysierenden möglich wird, Macht zu interpretieren und somit zu analysieren.

Strukturlosigkeit

Wenn wir Machtstrukturen nicht analysieren, sind wir dazu verdammt, sie zu wiederholen. Hier besteht eine Verbindung zu dem feministischen Argument, dass das Wegwünschen von Macht, sich vorzugaukeln, es gebe keine strukturellen Ungleichheiten in revolutionären Organisationen und sozialen Bewegungen, den Mächtigen einen Freibrief erteilt, ihre Macht weiter zu genießen, wenngleich auf verdeckte Weise. Die Illusion der *Strukturlosigkeit*, die sogenannte »Tyrannei der Strukturlosigkeit« in der politischen Analyse kann beispielsweise die Tatsache benennen, dass Versuche, so zu tun, als sei eine Gruppe frei von Macht entlang der Achse von Geschlecht, nur mal wieder Männern die Möglichkeit bietet, die Kontrolle zu behalten und Frauen zum Schweigen zu bringen, wenn sie darauf hinweisen, dass da etwas schiefläuft.

Der Umgang mit der Übertragung und das Bestehen auf der Regel, dass sie nicht durch die Analytiker:innen »interpretiert« werden soll, sondern dass die Behandlung in einer Weise zu moderieren ist, die den Analysierenden ermöglicht, die Übertragung selbst zu erkennen, zu interpretieren und dadurch gegen sie zu rebellieren, liegt auf gleicher Linie wie ein Grundprinzip feministischer Organisierung. Dieses Prinzip ist in dem Begriff »Standpunkt« zusammengefasst. Der Standpunkt der Analytiker:innen als ein mit Macht einhergehender neigt dazu, Privilegien, Status und Struktur zu übersehen. Der Standpunkt der Analysierenden hingegen als derjenigen, die in der Übertragung der Macht unterworfen sind, erlaubt es, ja fordert es geradezu heraus, dass sie dieser Macht gewahr werden.

Es sind nicht etwa irgendwelche sexistischen Karikaturen von Frauen, die Analytiker:innen dazu veranlassen, die Analysierenden zu »hysterisieren«. Es ist die Sensibilität für den Standpunkt – dem Subjekt zu ermöglichen, vom je eigenen Standpunkt aus zu sprechen und nicht ausgehend von einem ideologischen Wissen über sie oder von Positionen, die ihnen von anderen zugewiesen werden. Ja, Frauen beklagen sich über ihre Position, mit gutem Grund, und werden daraufhin für krank erklärt. Sie erkennen etwas über diese Welt aus ihrer Position der Machtlosigkeit heraus. Hysterischer Protest, sei es von Frauen oder Männern, wurde allzu lange pathologisiert, und erst die Psychoanalyse wird ihm gerecht. Die Hysterisierung ist ein fortschrittlicher Ansporn, sich zu beschweren, sich aufzulehnen, die Beschwerde zu verorten und besser zu verstehen, wie sie in der Übertragung eine Form der »Bewusstwerdung« darstellt. Die Analysierenden werden sich so der Machtstrukturen bewusst, die unbewusst und wiederholend wirkten und ihr Leben außerhalb der Praxisräume steuerten.

Hysterisierung in der Psychoanalyse ermöglicht eine Art des Gewahrwerdens, wie es von Befreiungsbewegungen angestrebt wird. Auch diese Bewegungen »hysterisieren« Menschen in gewisser Weise, indem sie ihnen erlauben, sich zu äußern und Gehör zu finden. Das wiederum hilft ihnen, sich der Macht bewusst zu werden, die sie unterdrückt, zu verstärken, was traditionell als »Klassenbewusstsein« bezeichnet wurde, und ihren Protest- und Rebellionsgeist zu entwickeln. Hysterie ist hier keine Funktionsstörung, sondern eine Wahrheitserfahrung und die einzig logische und vernünftige Antwort auf Macht. Daher kann die Psychoanalyse, die aus dem hysterischen Wort entstanden ist und es in der Praxis immer noch kultiviert, von zusätzlichem Interesse und Nutzen für unsere Kämpfe an der Seite und innerhalb von Befreiungsbewegungen sein.

Wir kämpfen nicht nur um die Kontrolle über die biologischen und technisch-ökonomischen Produktionsmittel und Reproduktionsmittel des Lebens. Wir kämpfen auch um die symbolischen Mittel des Ausdrucks und der Beziehung, des Daseins und der Erfahrung, des Bewusstseins und Begehrens, des Wissens und der Macht. Diese Mittel können entweder privatisiert oder vergesellschaftet werden, ideologisiert oder entideologisiert, genutzt für Herrschaft und Manipulation oder für Widerstand und Befreiung. Das gilt auch für die Praxis der Psychoanalyse, die daher ständig hin und her schwankt zwischen ihrem Unruhe stiftenden, umstürzlerischen Elan und ihren Abweichungen in Richtung Anpassung, Normalisierung und Psychologisierung.

Die psychoanalytische Praxis ist widersprüchlich, und Psychoanalyse als dialektische, auf ihre eigenen Widersprüche eingestimmte Praxis ist am besten geeignet, damit umzugehen. Die Widersprüche der Psychoanalyse sind wiederum die Widersprüche der Gesellschaft. Die Praxis der Psychoanalyse steht nicht außerhalb unserer geschichtlich bestimmten Gesellschaft. Sie ist Teil dieser Gesellschaft und ihrer Widersprüche. Es gibt somit einen strukturierten diskursiv-praktischen Rahmen für die psychoanalytische Praxis als einer Form gesellschaftlicher Beziehung, die im Einklang mit anderen Befreiungsbewegungen begründet und reproduziert werden kann. Übertragung kann ein Weg sein, die Privatisierung von Leiden zu verstärken oder aber die individuelle Behandlung mit politischem Widerstand zu verbinden.

Ob konservativ oder im Dienst der Revolution genutzt, die Übertragung setzt die Wiederholung symbolischer Strukturen voraus, die von Kapital, Patriarchat, Kolonialismus und anderen unterdrückerischen Mächten nicht zu trennen sind. Diese Strukturen werden in der psychoanalytischen Begegnung wiederholt. Sie sind es mithin, die Vorstellungen, Gefühle, persönlich zugewiesene Rollen und zwischenmenschliche Beziehungen reproduzieren, die in die psychoanalytische Sitzung übertragen werden.

Analyse – Macht und Widerstand

Die Übertragung erlaubt uns, Struktur zu erkennen und dann infrage zu stellen oder zu bestätigen, sie auszuweiten oder zu verstärken, Widerstand gegen sie auszudehnen oder abzuschwächen. Entsprechend können wir bekämpfen, was wiederholt wird, oder uns damit abfinden. Innerhalb der Struktur ist es möglich, so oder so zu handeln. Unmöglich hingegen ist es, sie ein für alle Mal loszuwerden, uns endgültig von dem zu befreien, was uns unterdrückt, es niemals wieder zu wiederholen und einen völlig neuen und freien Weg zu gehen.

Die Vergangenheit liegt nie ganz hinter uns. Wir stecken stets darin fest, und wir müssen immerzu durch sie hindurch, um weiter voranzuschreiten. Daher ist die psychoanalytische Behandlung, obwohl endlich, ein unendlicher Prozess, der nach Abschluss der Behandlung weitergeht. Das ist auch der Grund, warum ein revolutionärer Prozess scheitert, wenn er meint, er sei mit einem einfachen politischen Sieg beendet.

Die Revolution kann und sollte kulturell und permanent sein, denn strukturelle Wiederholung hört nicht auf und ist mit der menschlichen Kultur untrennbar verbunden. Das ist einer der Gründe, warum Freud das Unbehagen in der Kultur, die Unzufriedenheit in der Zivilisation, für unüberwindbar hielt. Wir wissen, dass es nicht überwunden ist, auch wenn einige, darunter etliche Psycholog:innen, etwas anderes glauben und uns dazu bringen wollen, ihre schöne neue Welt zu teilen, indem sie uns die Illusion aufschwatzen, dass wir »glücklich« sein könnten, während sie Menschen an diese elende Welt anpassen, als ginge es schlicht darum, Objekte wieder in ihre Umgebung einzufügen und die Welt zu belassen, wie sie ist, zuzulassen, dass sie sich weiter selbst zerstört, bis sie in der Hölle der Klimakatastrophe verschwindet.

Es ist verlockend, sich einzubilden, wir lebten in einer Zivilisation ohne Unzufriedenheit, in einer Gegenwart, die nicht länger versperrt und in der Vergangenheit gefangen ist, in einem Leben, das schon aufgehört hat, stets die Wiederholung einer symbolischen Struktur auszuagieren, die die Übertragung in der Psychoanalyse benennt und bearbeitet. Diese Illusion ist umso verlockender für jene, die von ihr profitieren und darum ihr Wirken in der Gegenwart durch ideologische Bilder der Vergangenheit und Zukunft absichern, so als blieben die Dinge ewig gleich, als gäbe es keinen Ausweg. Wir sprechen hier von denen, die Macht haben und eine Herrschaft ausüben, die uns einen Überschuss an Unterdrückung aufbürdet, eine Herrschaft, die unserem unvermeidbaren Unbehagen in der Zivilisation vermeidbare Unzufriedenheit hinzufügt, eine Herrschaft, die bedroht wird durch jene, die sie unterlaufen, indem sie Unbehagen äußern und von Begehren sprechen.

Subjekte, die der Macht unterworfen sind, bemerken deren Wirken. Der Begriff des »Standpunkts« in feministischer Politik drückt daher aus, wovon wir in der Psychoanalyse sprechen, und ermöglicht uns, der »Tyrannei der Strukturlosigkeit« besser zu begegnen, der Illusion, es gäbe eine reine, unvermittelte »Kommunikation«, was nichts anderes ist als die imaginäre ideologische Umgehung politischer Widersprüche. Struktur ist immer gegeben, im Alltagsleben, in den Praxisräumen und in der Politik.

Wir befinden uns in der symbolischen Struktur, und wir sind dazu verdammt, mit ihr umzugehen. Übertragung ist nur *eine* Möglichkeit des Umgangs, in diesem Fall in der beschränkten, spezifischen Umgebung der psychoanalytischen Praxis. In diesem eng begrenzten Raum macht es die Übertragung möglich, die strukturelle Wiederholung von Zeichen und Verhaltensmustern im Leben der Individuen zu verdichten, nutzbar zu machen und »durchzuarbeiten«.

Das Subjekt kann sich also bis zu einem gewissen Grad mittels Psychoanalyse selbst befreien, aber nicht nur mittels Psychoanalyse und niemals mit Psychoanalyse allein. Für sich genommen ist dies in seiner befreienden Macht stets unzureichend. Gewiss, das Durcharbeiten der Übertragung in der psychoanalytischen Begegnung, begriffen als einzigartige Verknüpfung von Macht und Begehren, schafft Raum für begrenzte Rede- und Bewegungsfreiheit. Aber das Potenzial dieser Freiheit kann erst außerhalb der Praxisräume verwirklicht werden, in persönlich-politischer Aktivität, wenn das Private öffentlich, kollektiv und wahrhaft transformativ in *Handeln* umgesetzt wird.

6. Subjektive Veränderung: Zeit zum Begreifen und Gelegenheiten zum Handeln

Die Welt, in der wir heute leben, ist strukturiert wie ein gigantischer globalisierter Marktplatz. Sie hat Formen der psychoanalytischen Theorie und Praxis hervorgebracht, die selbst privatisiert, kommerzialisiert und zu einer teuren Privatbehandlung gemacht wurden, zugänglich nur für die kleine Anzahl derer, die sie sich leisten können. Das ist keine Überraschung in einer kapitalistischen Gesellschaft, in der jede Theorie und Praxis der Befreiung irgendwann in eine akademische Ware verwandelt, verzerrt und gegen die Befreiungsbewegungen gewendet wurde. So wie wir verschiedene Strömungen kritischen Denkens aus ihrem Einschluss in Universitäten und Buchläden retten müssen, gilt es auch, sich darauf zu besinnen, was die Psychoanalyse in ihren Anfängen war, zu erkennen, was an ihr wahr ist, und uns ihr befreiendes Potenzial als kritische Psychologie nicht von den Mächtigen rauben zu lassen.

Wir leben in einer Welt, in der die Psychoanalyse notwendig, aber unmöglich ist. Sie wird gemeinhin in einer verarmten und entstellten Form durchgeführt, bis zu dem Punkt, wo sie sich in ihr Gegenteil verkehrt. Am Ende ist sie viel weniger und sogar das Gegenteil davon, was sie sein könnte. Anstatt eine revolutionäre Theorie und Praxis zu sein, wird sie zu einer Anpassungstechnik reduziert. Obendrein wird sie auf das Individuum beschränkt und verkommt zu einer durch ihren Konservatismus gekennzeichneten privaten Praxis, einer Umspannstation für reaktionäre Vorstellungen bezüglich Sex, Geschlecht und vielem mehr.

In den gegenwärtigen privatisierten konservativen Formen der Psychoanalyse sind die vier Schlüsselphänomene, die wir in diesem Manifest beschrieben haben, entstellt und in Hindernisse verwandelt, statt Chancen zu sein: Das Unbewusste, unausgesprochenes Fundament unseres kollektiven Daseins, wird derart entfremdet, dass es zu einer Bedrohung wird und zur Bevorzugung der individuellen bewussten instrumentellen Vernunft führt. Unsere Fähigkeit, Handlungen in unterschiedlichen Kontexten mit je unterschiedlichen Ergebnissen zu wiederholen, wird von einer Quelle reflektierter Freiheit in das neurotische Gefängnis des Wiederholungszwangs verwandelt. Was uns in unserem schöpferischen Leben antreibt, wird als maschinenartige Gewalt gegen uns gewendet und unterwirft uns dem Todestrieb. Und die Übertragung wird in der Praxis der Psychoanalyse isoliert und, anstatt uns zu zeigen, wie gesellschaftliche Macht funktioniert, zu einem Modell für Abhängigkeitsbeziehungen in der Außenwelt gemacht. All dies hat mit Psychoanalyse absolut nichts zu tun. Es bildet nicht ihre Realität ab, sondern ausschließlich ihre Unmöglichkeit.

Die Unmöglichkeitsbedingungen der Psychoanalyse liegen freilich nicht nur in ihr selbst, in ihren Entstellungen und Verkehrungen. Selbst entstellt und verkehrt ist die Psychoanalyse unmöglich für diejenigen, die nicht das Geld haben, um für sie zu zahlen, für jene, die pausenlos arbeiten müssen und keine freie Minute haben, um über Begehren nachzudenken, und für die, die unter Entfremdung leiden und dadurch ihrem Dasein und ihrem Unbehagen in der Zivilisation gegenüber abgestumpft sind.

Mehr noch, die psychoanalytische Behandlung ist irgendwie auch unmöglich für die, die sie sich problemlos leisten können, sie konsumieren und am Ende einfach entsorgen wie eine weitere Ware, wie jeden anderen Luxusartikel, wie ein Hobby unter anderen, wie Tennis, Golf, Segeln, Yoga, Feng-Shui, Wohltätigkeit und Kunstsammeln. Und schließlich wird die Psychoanalyse unmöglich gemacht für viele Menschen, speziell in Befreiungsbewegungen, deren Sensibilität sie davon abhält, die Kommodifizierung der Praxis zu akzeptieren, in der eine dafür ausgebildete Person dafür bezahlt wird, entfremdetem Sprechen zuzuhören, ebenso wenig wie sie den Fetisch der Bezahlung akzeptieren, der als Selbstrechtfertigung für die

Ausübung von persönlichem Expertenwissen, symbolischem Status und Macht dient.

Unsere Aufgabe in diesem Manifest für die Psychoanalyse als radikalste Form »kritischer Psychologie« besteht genau darin, sie zu einer Möglichkeit für Befreiungsbewegungen zu machen. Genauer gesagt: Unsere Aufgabe ist es, die Praxis der Psychoanalyse in der Geschichte zu verorten, so dass wir sie mit dem notwendigen fortschrittlichen Wirken der Befreiungsbewegungen verbinden und die falschen Zukunftsversprechen des anpassenden Psy-Komplexes bekämpfen können. Wir müssen die Psychoanalyse in der Praxis als Raum des Übergangs betrachten und auf menschliche Befreiung hin ausrichten; statt zu versuchen, Individuen wieder in diese elende Gesellschaft einzupassen, müssen wir die Psychoanalyse in einen konzeptionellen und praktischen Übergang zum Kommunismus wenden. Teil dieser Aufgabe ist es, aus vergangenen Kämpfen um Subjektivität die historisch fortschrittliche Theorie und Praxis von Psychoanalytiker:innen zu bergen, die sich genau deshalb mit Leid befassten, weil viele von ihnen die Welt verändern wollten.

Geschichte und revolutionäre Zeit

Psychoanalyse befindet sich am Rand des Psy-Komplexes und wird oft mit Psychiatrie, Psychologie und Psychotherapie verwechselt, wenn Menschen nach Antworten, nach den Gründen für ihr Leiden und einem Ausweg suchen. Psychoanalyse ist tatsächlich etwas radikal anderes. Sie ist eigentlich gar keine Psy-Disziplin, sondern potenziell eine Theorie und Praxis der Befreiung. Das bedeutet, dass wir unbedingt trennen müssen zwischen der mit Befreiungsbewegungen verbündeten radikalen Psychoanalyse und psychiatrischer Psychoanalyse, psychologischer Psychoanalyse und psychotherapeutischer Psychoanalyse.

Der beste Weg, sie von diesen falschen Freundinnen zu unterscheiden, ist die historische Analyse. Diese Analyse steht zudem im Einklang mit psychoanalytischer Radikalität. Wie wir sehen werden, ist authentische radikale Psychoanalyse selbst eine Form historischer Analyse, die sich gerade deshalb der Vergangenheit zuwendet, um uns individuell und kollektiv auf die Zukunft ausrichten zu können.

Wir müssen in unserer psychoanalytischen Arbeit die verdrängte historische Erinnerung unserer Praxis ständig mitdenken und uns die radikale Geschichte der freudschen Linken, die Bündnisse der Psychoanalyse mit der sozialistischen Bewegung vor Augen führen. Wir dürfen die von Marxismus und Freudianismus inspirierten revolutionären pädagogischen Erfahrungen in Österreich und der Sowjetunion nicht vergessen, den Beitrag der Psychoanalyse zu den mit der antikolonialen Revolution in Indochina verbündeten kulturpolitischen Aufständen in der westlichen Welt in der zweiten Hälfte des 20. Jahrhunderts sowie das Engagement und die Verfolgung von Psychoanalytiker:innen in Argentinien und anderen Ländern. Wir müssen uns die kostenlosen psychoanalytischen Behandlungen auf dem europäischen Kontinent in Erinnerung rufen und die kostenlosen psychoanalytischen Behandlungen anerkennen, die heute auf Straßen und öffentlichen Plätzen in Brasilien angeboten werden. Wir müssen dafür sorgen, dass die Übertragung wieder als etwas authentisch Psychoanalytisches wirkt und nicht als Ausdruck der Abhängigkeit, herbeigeführt durch die Bezahlung von Leuten, die zu kennen vorgeben, wovon wir zu wissen meinen, es liege innerhalb des Unbewussten.

Die genannten Bewegungen waren, wenig überraschend, auch begleitet von der sogenannten »Anti-Psychiatrie-Bewegung«. Denn viele Radikale erkannten, dass die Psychiatrie eine Praxis medizinischer Herrschaft war, die Menschen zu Patient:innen machte, zu Sklav:innen der Seelenärzte in den alten Irrenanstalten, eingesperrt und grausamen körperlichen Behandlungen ausgesetzt. Die Psychiatrie wurde zu Recht angegriffen, weil sie eine offensichtlich brutale Praxis war. Zwar wandte sich die moderne Psychiatrie medikamentöser Behandlung zu, um Menschen dem Kapitalismus anzupassen, trotzdem führte sie einen Diskurs und eine Praxis vorkapitalistischer Feudalherren fort. Diese Sorte autokratischer Herrscher passte sich selbst dem Kapitalismus an, während sie den schlimmsten patriarchal-sexistischen Missbrauch von Frauen und die kolonial-rassistische Verfolgung indigener Menschen wiederholten.

Psychiatrie war ein mächtiges Werkzeug in ihrem Waffenlager. Psychiater:innen dienten sich selbst skrupellos den Herrschenden an. Sie pathologisierten Menschen aufgrund ihrer Klasse, Rasse, Kultur, ihres Geschlechts oder ihrer politischen Überzeugung, folterten sie und missbrauchten sie für ihre Experimente. Freud selbst war Psychiater. Als er die Psychoanalyse erfand, musste er mit der Psychiatrie brechen. Dies war ein bedeutsamer geschichtlicher Bruch, der stets aufs Neue wiederholt werden muss, um heute im antikapitalistischen, feministischen und antikolonialistischen Kampf wirksam zu sein.

Psychiatrie erwächst aus der Unmöglichkeit der Psychoanalyse. Diese Unmöglichkeit wird überdeckt und wiederholt in der medizinisch-psychiatrischen Umdeutung der Behandlung, in der verschiedene Aspekte unseres Leidens in separate Elemente zerlegt und als unterschiedliche Krankheitsarten angesehen werden. Medizinische und psychiatrische Diagnose spaltet uns, indem sie jede:n von uns in der je eigenen Krankheit einschließt und uns den gemeinsamen Ursprung dessen vergessen lässt, was uns in dieser Gesellschaft widerfährt. Wir werden krank gemacht durch dieses politisch-ökonomische System, durch Kapitalismus, Patriarchat und Kolonialismus. Diese traurige Welt, in der zu leben wir nicht umhinkönnen, ist das, woran wir heute leiden, wenn wir depressiv oder verzweifelt sind, wenn wir uns leer oder verfolgt fühlen, wenn wir Stimmen hören, die andere nicht hören, wenn wir nicht fähig sind zu arbeiten, uns auf irgendetwas zu konzentrieren oder auf fortschrittliche, konstruktive Weise mit anderen in Beziehung zu treten.

Erkrankung

Wir müssen unsere *Erkrankung* als Symptom des Lebens behandeln, das wir führen, nicht als Anzeichen einer persönlichen Pathologie. Diese Art des Leidens, wie schwerwiegend es auch sei, unterscheidet sich stark von den echten körperlichen Problemen, die Mediziner:innen behandeln. Das Problem sind nicht wir. Unsere »Erkrankung« – wir borgen den Begriff hier als eine Metapher für unser Leiden – ist lediglich ein Indiz und kann auch ein Heilmittel gegen das wahre Problem sein.

Wir müssen diese Erkrankung des Subjekts in eine Waffe verwandeln, von ihr als einer Waffe gegen die Macht sprechen, sie durcharbeiten, indem wir über unser Begehren nach einer anderen Welt sprechen und entsprechend diesem Begehren kollektiv handeln. Das ist es, was die Psychoanalyse möglich machen würde, wäre sie nicht selbst unmöglich gemacht worden, wäre sie nicht so sehr zersetzt worden, wäre sie nicht zu einem weiteren Werkzeug der Suggestion, Ideologisierung, der Weltflucht geworden, des Abschottens in der Individualität, der Psychologisierung, Psychopathologisierung, der Konfliktvermeidung, der Anpassung und Reglementierung im Dienste der gesellschaftlichen Reproduktion der bestehenden Welt. Von allen Psy-Ansätzen ist die Psychoanalyse tatsächlich am besten geeignet, die Rolle der »gesellschaftlichen Reproduktion« bei der materiellen Wiederherstellung kolonialer und familiärer Strukturen im Dienst des Kapitalismus zu verstehen.

Die Unmöglichkeit der Psychoanalyse unter diesen Bedingungen von allgegenwärtigem Rassismus, Heterosexismus und fortgesetzter Erniedrigung der von der Macht Ausgeschlossenen wird durch die Reduzierung des Leidens auf die Ebene des Individuums verstärkt. Die individuelle Sphäre, zunehmend ohnmächtig, arm und eng, gewinnt an Gewicht im kollektiven Feld und wird zu dem Ort, an dem all die negativen Wirkungen, die der kapitalistische Prozess der Unterdrückung und Zerstörung in unserer Subjektivität verursacht, aufgelöst werden müssen. Hier arbeiten jedoch unterschiedliche Formen der Psychologie, einschließlich Formen psychoanalytischer Psychologie, Hand in Hand mit medizinisch-psychiatrischer Psychoanalyse.

Es stimmt, dass die Psychiatrie oft von Psycholog:innen abgelehnt wird, die sich im Vergleich zu Psychiater:innen selbst als einfühlsamer, sensibler, umsichtiger und respektvoller gegenüber dem Menschen betrachten. Sie sind sich der Komplizenschaft zwischen Medizin und Kapitalismus wohl bewusst, wie sie sich zum Beispiel in der Macht der Pharmaindustrie zeigt oder in der Erfüllung der Aufgabe, mittels medikamentöser Behandlung die Arbeitskraft wiederherzustellen. Psychologie gibt dann vor, die Psychiatrie zu ersetzen, die als offensichtlicherer Replikator vorkapitalistischer professioneller Herrschafts- und Knechtschaftsbeziehungen diente, in denen die Leidenden als »Patient:innen« behandelt werden. Aber diese modernere Psychologie, die sich den Gebrauch psychoanalytischer Theorie anmaßt, um schnelle anpassende kognitive Verhaltenstherapien zu befruchten, reproduziert dadurch den Kapitalismus, indem sie ihm mit größerer Effektivität und Geschwindigkeit dient, indem sie uns an ihn anpasst, ihn erträglich macht, ihn vor der Störung durch unsere Krankheit schützt, uns als Arbeiter:innen und Konsument:innen wiederherstellt.

Arbeit und Konsum, die Hauptfunktionen der Menschen bei der Erzeugung und Verwertung von Kapital, sollten durch die Psychoanalyse nicht unbedingt ermöglicht werden, deren Subjekt nicht das des Kapitalismus ist. Nicht jede:r muss pausenlos arbeiten oder als Form der Erholung einkaufen. Das für das Kapital am besten geeignete Subjekt ist das der Psychologie, das mehr oder weniger angepasste und scheinbar freie Individuum, das sich selbst kontrolliert, am besten arbeitet und konsumiert.

Das »gesunde« Subjekt der Psychologie ist das symmetrische und umgekehrte ideale Spiegelbild des »kranken« Subjekts der Psychiatrie. »Gesundheit« stellt hierbei eine Art Normalität dar, die pathologische Normalität des Kapitalismus. Sie wird begriffen auf der Basis von »Krankheit«, durch Verleugnung und Mystifizierung der Wahrheit, die durch die Krankheit offenkundig gemacht wird. Das ist der Grund, weshalb Psycholog:innen sich Psychiater:innen so oft als ihren wahren Herren unterordnen und psychologische Varianten der Psychoanalyse genauso gefährlich sind wie psychiatrische.

In der vor den Karren der Psychiatrie gespannten psychiatrischen vorkapitalistischen Psychoanalyse und in der angepassten Variante der kapitalistischen psychologischen Psychoanalyse, die in den Lehrbüchern als eine Theorie von Psyche und Verhalten angepriesen wird, ist das Subjekt auf den entfremdeten vereinzelten Körper oder den individuellen Geist reduziert. Im Gegensatz dazu ist das Subjekt der radikalen Psychoanalyse, die weder psychologisiert noch psychiatrisiert ist, gerade jenes, das nicht auf eine körperliche oder geistige Existenz reduziert werden kann. Unser Subjekt, das menschliche Subjekt, ist nicht das entfremdete Objekt der kapitalistischen Gesellschaft und noch weniger das Sklaven-Objekt, das von quasi-feudalen kolonialen Psychiater:innen behandelt wird.

Unser Subjekt, als ein *Subjekt*, ist mit diesen Objekten äußerlich verwandt, mit ihrer Entfremdung, dem Geist und dem Körper, mit Kapitalismus und Kolonialismus. Es teilt mit ihnen eine gemeinsame Geschichte. Aber unser Subjekt ist nicht auf deren Objektstatus reduziert. Es wehrt sich aktiv dagegen, als deren Entsprechung behandelt zu werden. Unser Subjekt kann antikapitalistisch und antikolonial sein und drückt sein Potenzial dadurch aus, dass es die wahren Verhältnisse offenlegt und sich für die Möglichkeit einer postkapitalistischen Daseinsweise ausspricht. Es ist dieses Potenzial, das durch die gegenwärtigen Herrschaftsapparate beinahe unmöglich gemacht wird. Aber Geschichte kann auch zum Sprechen gebracht werden, sei es die Geschichte des individuellen Subjekts in der psychoanalytischen Begegnung oder die Geschichte der Kämpfe, die die Rolle des Psy-Komplexes dabei aufdeckt, Macht zu reproduzieren statt sie herauszufordern.

Falsche Zukunftsversprechen durch die therapeutischen Psy-Berufe

Die Psychiatrie verspricht, das zu heilen, was sie als »Geisteskrankheit« bezeichnet. Und die Psychologie verspricht, fehlangepasstes Denken und Verhalten zu behandeln. Den Vertreter:innen dieser Berufe, in entfremdenden Praktiken ausgebildet, fällt es oft schwer, ihre Stimme für die Unterdrückten zu erheben. Einige von ihnen, etwa die an der »Anti-Psychiatrie-Bewegung« Beteiligten vor einem halben Jahrhundert und Praktizierende der »kritischen Psychologie« heute, brechen mit ihren Fachgebieten, um sich Befreiungsbewegungen anzuschließen.

Man denke nur an den revolutionären Psychiater Frantz Fanon. Als er sich dem antikolonialen Kampf in Algerien anschloss, nachdem er über den Rassismus der Weißen geschrieben hatte, behandelte er als Arzt, was er als »Geisteskrankheit« betrachtete, weiterhin mit reaktionären körperlichen Therapiemethoden. Aber schließlich widmete er seine Energien Vollzeit der Befreiung. Ein anderer bemerkenswerter Fall ist der von Ignacio Martín-Baró. Er kritisierte die psychologischen Theorien und Praktiken seiner Zeit, schlug als Alternative eine »Befreiungspsychologie« vor und kämpfte für die Befreiung der Völker Lateinamerikas, speziell der Menschen in El Salvador, wofür er letztlich durch eine Todesschwadron der Armee ermordet wurde. Dazu muss gesagt werden, dass Martín-Baró in seinem Kampf bisweilen traditionelle psychologische Methoden wie Meinungsumfragen nutzte, und er hörte nie auf, auf demselben Gebiet der Psychologie zu lehren und zu forschen, das er infrage stellte.

»Kritische Psycholog:innen« von heute sind in ähnlichen Widersprüchen gefangen. Sie schreiben über die Schwierigkeiten mit ihrem Fachgebiet, werden aber oft weiterhin für ihre Lehrtätigkeit an Universitäten bezahlt. Die Widersprüche sind besonders drastisch, wenn diese Psy-Profis mit realen Befreiungskämpfen konfrontiert werden.

An dieser Stelle kommt unsere dritte falsche Freundin ins Spiel, die *Psychotherapie,* eine Herangehensweise an Leiden, die oft mit Psychoanalyse verwechselt wird, und das aus gutem Grund. Nicht nur beziehen sich viele Psychotherapeut:innen auf Versionen der freudschen Theorie; auch bezeichnen sich viele Psychoanalytiker:innen in den Institutionen, die sie beschäftigen, aus strategischen Gründen als Psychotherapeut:in, manchmal auch als »psychoanalytische:r Psychotherapeut:in« oder »psychodynamische:r Coach:in«. Die Verwirrung ist umso größer, als die radikalsten Formen der Psychoanalyse tatsächlich »therapeutische Effekte« haben. Diese Effekte sind jedoch nicht der Zweck der psychoanalytischen Praxis. Wie wir gesehen haben, ist ihr Zweck vielmehr eine Form der Befreiung und nicht bloß ein anpassendes Kurieren oder eine Entlastung in Unterdrückungsverhältnissen.

Psychoanalyse ist nicht Psychotherapie, trotzdem hat sie etwas Therapeutisches an sich. Der Unterschied zwischen Psychoanalyse und Psychotherapie besteht darin, dass Psychoanalyse sich mit Widersprüchen befasst – im Subjekt, in der Welt und im Verhältnis des Subjekts zur Welt. Deshalb ist es umso wichtiger zu verstehen, wie Psychotherapie daran mitwirkt, den widersprüchlichen Charakter dieser Realität glattzubügeln. Ja, richtig, es gibt ein paar radikale Psychotherapeut:innen, genauso wie ein paar »kritische Psychiater:innen«. Aber wenn sie wirklich radikal sind, dann brechen sie mit der Praxis der Psychotherapie als solcher. Indem die Psychotherapie vorgibt, das Problem der aktuellen Unmöglichkeit von Psychoanalyse zu lindern, täuscht sie seine Lösung nur vor.

Die psychotherapeutische Technik kann für den Kapitalismus funktional sein, weil sie sich darauf beschränkt, ihre Aufgabe zu erfüllen, ohne weitere Fragen zu stellen. Sie ist ein Fall von »Tyrannei der Strukturlosigkeit«, verspricht sie doch ein Heilmittel für die Not in einer Welt, die strukturell um Entfremdung herum organisiert ist. Vorzugaukeln, es gäbe keine

Macht, keine Struktur, ist das wirksamste ideologische Argument gegen jene, die unter Kapitalismus, Rassismus, Sexismus und anderen Unterdrückungsformen leiden und sich völlig zu Recht darüber beklagen.

Das tröstliche, beruhigende Beharren darauf, es gäbe kein Problem, ist eine Form der Tyrannei, die diejenigen zum Schweigen bringt, die die Welt zu verändern trachten. Ihnen wird gesagt: Macht euch keine Sorgen, die Welt hat sich bereits verändert, alles ist schon gut, und das einzige Problem seid ihr selbst. Psychotherapie ist ein Schwindel, eine Vorgaukelung von »Postkapitalismus«. Den besten Absichten ihrer Protagonist:innen in den Psy-Berufen zum Trotz sabotiert sie daher häufig den antikapitalistischen Kampf. Der Kapitalismus ist nicht vorbei, und so führt uns Psychotherapie in die Irre.

Entfremdung, Struktur und die anderen Dimensionen von Macht, die in der psychoanalytischen Behandlung im Zentrum der Aufmerksamkeit stehen, werden in psychotherapeutischen Techniken regelmäßig als gegeben vorausgesetzt und übersehen. Psychotherapie weicht der Machtfrage systematisch aus, oder sofern sie Macht thematisiert, gibt sie vor, sie in imaginären kommunikativen Beziehungen aufzulösen, die sie in ihrer eigenen Praxisform herstellt. Dieses gefühlsduselige Herangehen an Macht ist just das, was deren Ausübung am besten ermöglicht; Gefühle, die in der psychoanalytischen Sitzung in der Übertragung reaktiviert werden müssen, gerade damit sie vermittels Psychoanalyse durchgearbeitet und überwunden werden können.

So wie die Psychoanalyse Kritik ist und keine Form von Psychiatrie und Psychologie, ist sie auch das diametrale Gegenteil der Psychotherapie oder sollte es sein. Das schließt jene Psychotherapie ein, die psychoanalytische Begriffe aufgreift, sich einverleibt und neutralisiert. Psychoanalyse ist keine Form der Psychotherapie. Sie kann es nicht sein. Sie ist nicht dazu da, das Subjekt zu heilen oder den im Kapitalismus herrschenden Bedingungen anzupassen. Sie kann diese Bedingungen nicht hinnehmen, lässt sich durch sie nicht konditionieren. Auch deshalb ist sie weder Psychiatrie, Psychologie noch Psychotherapie– und darf mit ihnen nicht verwechselt werden.

»Radikale« Psychotherapeut:innen und psychosoziale Coach:innen, die der Psychiatrie und Psychologie oft genauso kritisch gegenüberstehen wie wir, werden nicht glücklich sein mit unserer Behauptung, dass auch sie den antikapitalistischen Kampf sabotieren. Und bis zu einem gewissen Grad wäre ihre Unzufriedenheit wohlbegründet. Sind wir mit der Psychotherapie auch harsch ins Gericht gegangen, müssen wir unsere Argumente doch sogleich und dialektisch relativieren. Die Einschränkungen sind folgende:

Erstens erkennen wir bereitwillig an, dass die Psychoanalyse selbst kompromittiert ist. Nicht alle Psychoanalytiker:innen sind radikal, und Psychoanalyse hat an der Unterdrückung von Frauen und rassistischen Verzerrungen mitgewirkt, ganz zu schweigen von direkter Beteiligung an Folter in unterdrückerischen Regimes.

Zweitens, und entscheidender, hat Psychoanalyse, wie erwähnt, therapeutische Effekte. Nicht ohne Grund betrachten sich viele Psychoanalytiker:innen selbst auch als Psychotherapeut:innen. Wir geben zu, dass wir genauso leicht (oder schwer) behaupten könnten, Psychoanalyse sei »radikale Psychotherapie«, wie wir behaupten, dass sie »kritische Psychologie« für Befreiungsbewegungen ist. Unsere radikalen psychotherapeutischen Freund:innen, übermäßig darauf bedacht, ihre Berufstitel zu schützen, müssten dann ebenso gründlich mit ihrem eigenen Fachgebiet brechen, wie es für kritische Psycholog:innen der Fall ist.

Gruppen

Mit diesem Vorbehalt wenden wir uns der Frage der *Gruppen*psychotherapie zu, die in Form von Selbsterfahrungsgruppen, psychoanalytischen Arbeitsgruppen und Gruppenanalyse als einer Form der Psychoanalyse schon als eine radikalere therapeutische Praxis erscheint. Sie wird von politischen Aktivist:innen häufig als radikaler angesehen, da sie unmittelbarer »kollektiv« ist, selbst wenn der kollektive Aspekt oft auf die Praxisräume beschränkt bleibt und auf fest terminierte Sitzungen mit Teilnehmer:innen, die als »Patient:innen« behandelt werden. Ansätze, in und mit Gruppen zu arbeiten, wurden in Lateinamerika oft durch Radikale angeleitet, sogar durch selbsternannte Marxist:innen; und in Europa wurde die Gruppenanalyse von Psychoanalytiker:innen und Gesellschaftstheoretiker:innen auf Basis einer gesellschaftlichen Theorie der Psyche entwickelt, von jenen Praktiker:innen, die der Tradition der Kritischen Theorie sehr nahestanden.

Entscheidend ist für uns die Frage, ob die Anwendung psychoanalytischer Prinzipien in Gruppen in einer Gesellschaft, die Schmerz individualisiert, die Probleme der Psychoanalyse zwangsläufig verringert, reproduziert oder verschärft. Man könnte behaupten, dass die Art der freien Assoziation, die für die psychoanalytische Begegnung wesentlich ist, potenziell radikaler ist, weil die »frei fließende Diskussion« in der Gruppe vielen Leuten die Möglichkeit bietet, sich zu beteiligen und zu interpretieren, was vor sich geht. Formen der Identifikation in Gruppen können in Richtung »Resonanz« gelenkt werden, so dass die Übertragung nicht auf eine einzelne Person hin, den:die Analytiker:in, kanalisiert ist. Die Übertragung selbst wird in Gruppen anders erfahren, da die vielfältigen widersprüchlichen Aspekte der Übertragung alle zugleich und für die verschiedenen Gruppenmitglieder in unterschiedlicher Weise präsent sind. Statt in einem privaten Raum mit einer einzigen anderen Person arbeiten Mitglieder der analytischen Gruppe ihr Leiden gemeinsam mit anderen Menschen durch. Letztendlich ist die Gruppe daher ein »Kollektiv«, und ein Teil der Heilung besteht darin zu lernen, kollektiv statt individuell zu sein.

Wie gut die Argumente auch sein mögen, die für Gruppenansätze sprechen, sie überzeugen uns nicht davon, dass diese Ansätze besser sind als »individuelle« Psychoanalyse. Wir sind nicht überzeugt, nicht etwa weil wir der Gruppenanalyse oder anderen Formen der Gruppenpsychotherapie grundsätzlich misstrauisch gegenüberstehen, sondern weil unsere Vision der radikalen Psychoanalyse sich nicht auf das Individuum bezieht, sondern auf eine Subjektform, die ebenso sehr kollektiv wie in einem bestimmten Körper verortet ist. Psychoanalyse ist immer schon gewissermaßen gesellschaftlich und politisch.

Wir behaupten: Obwohl in der psychoanalytischen Sitzung Personen (die Analysierenden) zu anderen (den Analytiker:innen) sprechen, ist es eine Illusion, aus diesem empirischen Bild der Behandlung abzuleiten, dass es sich dabei schlicht um eine auf zwei Körper beschränkte interindividuelle Praxis handelt. In der psychoanalytischen Begegnung werden durch die Übertragung vielfältige Subjekte ins Leben gerufen, und auf einer unbewussten Ebene werden im Sprechen der Analysierenden viele verschiedene Subjektpositionen aktiviert. Es ist nicht das individuelle »Ich« der Analysierenden, das spricht, sondern etwas, das darüber hinausgeht, eine unbewusste Welt widersprüchlicher Subjektivitäten, modelliert nach Menschen, die für die Analysierenden in der Vergangenheit wichtig waren. Die Analysierenden sprechen mit vielen verschiedenen Personen, die ihnen in der Übertragung präsent sind. Sie werden dazu getrieben, Zeichen der vielen unterschiedlichen Arten von Subjekten, die sie gewesen sind, zu wiederholen. Und sie öffnen den Raum für das Aufscheinen vieler anderer Arten von Subjekten in der Zukunft, im Laufe der Kur. Daher befinden sich mehr als zwei Personen im Praxisraum. Radikale kollektiv ausgerichtete Psychoanalyse, die ihren Namen verdient, ist eine Art Gruppe, sie ist bereits die radikalste Form von »Gruppenanalyse«.

Das stellt uns vor eine grundlegende Aufgabe, die mit dem Ziel einhergeht, die Psychoanalyse zu etwas wahrhaftig Befreiendem zu machen, zu etwas, das mit den Befreiungsbewegungen verbunden und keine konservative Form psychoanalytischer Psychotherapie ist. Diese Aufgabe ist eine dialektische. Sie hat zwei Seiten: Wir müssen die gruppenanalytische Theorie nehmen, die radikal ist, und sie in unserer Praxis tatsächlich psychoanalytisch machen; und wir müssen Psychoanalyse tatsächlich kollektiv machen, indem wir sie für den Gruppenaspekt menschlichen Daseins öffnen und sie darüber hinaus zu kollektiver Subjektivität führen.

Die Zukunft ist kollektiv, und durch kollektiven Kampf werden wir eine Welt erschaffen, die eine echte gesellschaftliche Alternative darstellt zu der entfremdeten individuellen Existenz, die wir alle hier und jetzt erleiden. In unseren Kampfformen müssen wir diese Welt vorwegnehmen, und so muss auch die Psychoanalyse als eine Form »kritischer Psychologie«, die mit allen Grundsätzen individualistischer Psychologie bricht, in ihrer Praxis die Art der Subjektivität vorwegnehmen, die eine zu dieser Zukunft passende Ressource und Antriebskraft sein wird.

Es stimmt: Die institutionelle Praxis großer Teile der Psychoanalyse läuft der kollektiven Vision des psychoanalytischen Subjekts zuwider, die wir in diesem Manifest dargelegt haben. Aber es gab einmal diese kollektive Vision, und es kann sie wieder geben. Die »Clínicas do Testemunho«[5] und die kostenfreien Sitzungen, die von Psychoanalytiker:innen in den letzten Jahren in Lateinamerika angeboten wurden, lösen die radikale Geschichte von Freuds kostenfreien Behandlungen in Europa vor dem Zweiten Weltkrieg ein. Nochmals, die Vergangenheit hält den Schlüssel für eine radikale Zukunft bereit. Wir müssen die gegenwärtige Praxis mit all ihren Widersprüchen in einen Übergangsraum wenden, hin zu einer Welt jenseits von Kapitalismus, Kolonialismus und Patriarchat. Diese andere Welt bezeichnen wir als »Kommunismus«.

5 Die ›Clínicas do Testemunho‹ sind eine Initiative von Psychoanalytiker:innen in Brasilien, um Menschen Gehör zu verschaffen, die über Gewalt und speziell über staatliche Gewalt in Brasilien sprechen, und zwar indem man zu den Menschen in ihre Gemeinden geht, anstatt zu erwarten, dass sie zu einem kommen und für eine private Behandlung bezahlen. Die Initiative geht auf Einflüsse aus Österreich, Deutschland und Ungarn vor dem Zweiten Weltkrieg zurück, wo Psychoanalytiker:innen, Freud eingeschlossen, kostenfreie Behandlungen anboten. Siehe dazu auch Elizabeth Dantos Buch *Freud's Free Clinics*.

Übergänge – in der Welt und in der Psychoanalyse

Die Psychoanalyse ist nicht dazu da, der erbärmlichen Welt zu dienen, in der wir leben. Deshalb ist sie keine echte Psy-Sparte und sollte auch nicht so tun, sollte nicht mit Psychotherapie, Psychologie oder Psychiatrie gemeinsame Sache machen, um Status, Macht, Anerkennung oder Akzeptanz zu erlangen. Die Psychoanalyse beinhaltet einen Aspekt der Randständigkeit und des Übergangs, was bedeutet, dass sie niemals wirklich gut angepasst war. Wie das menschliche Subjekt, mit dem sie sich befasst, ist die Psychoanalyse »unangepasst«, fügt sich nicht ein und stellt die Gesellschaft infrage, in die sie hineingeboren wurde. Wir müssen diesen Übergangsstatus verstärken, indem wir Übergänge von ihr fordern, formuliert im Bündnis mit Befreiungsbewegungen, damit sie über das hinauskommt, was sie heute ist, und zu dem wird, was sie wahrhaftig sein kann.

Forderungen

Wir bringen hier vier *Forderungen* vor:

Als erste Forderung bestehen wir darauf, dass das Unbewusste nicht als im Individuum verborgene tiefe dunkle Grube behandelt wird, sondern als kollektive Ressource für den Kampf und darüber hinaus als der äußere Ort, an dem wir als Subjekte gelebt und gehandelt haben werden. Das bedeutet, die Kritik am individuellen Ich ernst zu nehmen. Wir müssen über unser je eigenes Selbst hinausgehen und einander finden. Die theoretischen und praktischen Mittel dafür sind im Unbewussten schon vorhanden, in der Geschichte, die wir in uns tragen, der verschütteten Erinnerung an vergangene Kämpfe. Das Bild der tiefen dunklen Grube ist gefüllt mit rassistischen Vorstellungen, und es verrät den kollektiven Kampf von schwarzen und indigenen Menschen ebenso wie von Frauen, deren Darstellung als willfährige Wesen sie nicht davor bewahrt hat, auch als rätselhafte Stätten des Unbewussten und des hysterischen Protests zu gelten. Wir fordern, dass niemand, sei es aufgrund von Geschlecht, Rasse oder Kultur, als unbewusst oder als das Unbewusste im Gegensatz zum Bewusstsein des weißen männlichen westlichen Ichs angesehen wird. Wir fordern auch, dass das Unbewusste nicht länger in einer Weise begriffen wird, die sexistische oder rassistische Verzerrungen ermöglicht. Daher ist diese Forderung gleichzeitig eine feministische und antirassistische, eine Forderung, das *Unbewusste* nicht länger zu kolonisieren, sondern ihm stattdessen zu sprechen zu erlauben.

Unsere zweite Forderung bezieht sich ausdrücklich auf die Praxis der Psychoanalyse. Sie kann ein Apparat, eine Maschine zur Herstellung »braver Bürger:innen« sein, aber genauso gut auch ein Raum für die radikale Entschlüsselung bürgerlicher, sexistischer und rassistischer Subjektivität. Dadurch kann sie sich mit Befreiungsbewegungen verbünden und ihnen helfen, die Welt zu verändern, sich aber auch mit der Macht verbünden und jegliche befreiende Geste im Individuum unterbinden, das Individuum verändern, um nicht die Welt zu verändern. Als Maschine stellt die psychoanalytische Praxis ein Werkzeug zur Verfügung, durch das der Trieb, der menschliches Handeln anregt, allzu leicht in eine Wiederholung dessen überführt werden kann, was an dieser Subjektivität das Schlimmste ist, indem sie sie bestätigt, anstatt sie infrage zu stellen. Daher lautet unsere zweite Forderung, *Wiederholung* in der psychoanalytischen Praxis als Möglichkeit für die Herstellung von Differenz zu behandeln, von etwas anderem statt dem Gleichen.

Die dritte Forderung betrifft den Trieb als solchen und seinen Platz im Körper als Ort des Sprechens. Wir müssen vom Schwarzen Feminismus lernen, dass Schweigen die Unterdrückung aufrechterhält, ein stummes Schweigen des Triebes, und dass der erste Schritt zur Befreiung aus der Bereitschaft entsteht, freimütig und offen zu sprechen, zu sagen, wie es wirklich ist. Ja, das ist relevant in der psychoanalytischen Begegnung, aber unsere Forderung richtet sich an die Analytiker:innen, dass sie nicht schweigen angesichts der Machtverhältnisse, die ihnen institutionelle Macht, Prestige und Privilegien verschaffen. Ja zum *Trieb* im Sprechen, reflektiert und transformiert. Nein zum Einverständnis mit der Vorstellung, die Analytiker:innen hätten »neutral« oder »objektiv« zu sein, oder zu dem Vorwand, sie müssten dem politischen Prozess gegenüber schweigen. Erhebt eure Stimme gegen Machtmissbrauch, einschließlich des Machtmissbrauchs durch Psychoanalytiker:innen und andere Psy-Profis.

Viertens noch einmal zur psychoanalytischen Praxis, zu einer Kritik und der Forderung, dass *Übertragung* nicht als Blaupause genommen und von der Psychoanalyse auf Bereiche gesellschaftlichen Handelns »angewandt« wird, die sie weder versteht noch verstehen kann. Gebt die Anmaßung auf, ihr könntet uns in den Befreiungsbewegungen sagen, was unser Kampf tatsächlich bedeutet. Nehmt die Schlüssellehre aus eurer eigenen Praxis ernst, dass es die Analysierenden sind, die interpretieren, nicht die Analytiker:innen. In der psychoanalytischen Sitzung wird die Übertragung als Relais der Macht gerade deshalb hergestellt, damit sie wieder aufgehoben werden kann; und es müssen alle Anstrengungen unternommen werden, die Macht der Psychoanalytiker:innen aufzuheben, wenn sie sich herausnehmen, anstelle der Befreiungsbewegungen zu sprechen.

Wir haben schon deutlich gemacht, dass sich die Psychoanalyse, wenn sie den Befreiungsbewegungen dienen will, klar von Psychiatrie, Psychologie und Psychotherapie abgrenzen muss. Diese drei Elemente des »Psy-Komplexes«, des dichten Netzwerks von Theorien und Praxen bezüglich des menschlichen Subjekts, das Macht im Kapitalismus und Patriarchat absichert und verstärkt, sind heutzutage in einem globalen ideologischen Prozess der »Psychologisierung« verwoben. Das führt zur Ausbreitung des Psychologischen auf Kosten von Politik, Gesellschaft und Kultur, den Orten, an denen wir uns treffen können, um uns zu mobilisieren und zu befreien. Psychologisierung in ihren unterschiedlichen konkurrierenden, widersprüchlichen Aspekten reduziert die höchst diversen kulturellen, gesellschaftlichen und politischen Phänomene auf psychologische Mechanismen und macht uns glauben, jede:r von uns sei als Individuum verantwortlich für die Verursachung und Auflösung des Leidens, das in dieser Welt herrscht.

Nur kollektiv können wir uns befreien. Wir müssen die Befreiungsbewegungen vor Psychologisierung schützen. Wir sollten ihnen unter einem psychoanalytischen Deckmantel nicht noch mehr Psychologie verpassen. Auch sollten wir nicht vergessen, dass in Psychologie gewendete Psychoanalyse eine Komplizenrolle bei der Psychologisierung des Alltagslebens gespielt hat, einschließlich der Psychologisierung politischen Widerstands.

Um den Befreiungsbewegungen zu dienen, sollte die Psychoanalyse kein Mittel zur Psychologisierung sein. Sie darf das Politische nicht entpolitisieren, indem sie es auf das Psychologische, auf die Persönlichkeit oder die innere Welt der Subjekte, auf ihre Instinkte, Komplexe, Fantasien oder Pathologien reduziert. Auch darf die Psychoanalyse die Verantwortung der Gesellschaft nicht auf das Individuum abwälzen oder mit der unrealistischen romantischen Vorstellung eines Individuums hausieren gehen, das frei von Strukturen und imstande wäre, alles zu verändern.

Freiheit

Wir können nicht die totale *Freiheit* versprechen. Würden wir für die Psychoanalyse einen solchen Anspruch erheben, wäre das genauso verlogen wie die Vorstellung, es gebe einen Himmel ohne Zwist oder dass nach der Revolution das Paradies auf Erden herrsche. Psychoanalyse kann nur befreiend wirken, indem sie uns hilft wahrzunehmen, was uns daran hindert, frei zu sein. Diese Erkenntnis ist ein unmittelbares Ziel der psychoanalytischen Methode. Ihre technische Grundregel der freien Assoziation beispielsweise ist darauf ausgelegt, den Analysierenden vor Augen zu führen, worüber sie nicht sprechen können, und nicht, die Illusion zu nähren, sie könnten jemals frei sein, alles auszusprechen.

Die Regel der freien Assoziation, die zu befolgen wir in der psychoanalytischen Begegnung aufgefordert sind, spricht auch von politischem Begehren. Wir sprechen in der psychoanalytischen Sitzung über Begehren, damit wir auch außerhalb darüber sprechen können – nicht um die psychoanalytische Praxis im Alltag vor uns herzutragen und sie wie Missionare zu verbreiten, sondern um sie zu überwinden, hinter uns zu lassen und in die Politik hineinzuwachsen. Das Feld der Politik ist das einzige, in dem die Psychoanalyse erfolgreich enden und – ohne vorzugaukeln, dass sie jemals vollständig zu Ende sei – ein dialektischer Weg sein kann, die kritisch-analytische Arbeit mit anderen Mitteln fortzusetzen.

Das psychoanalytische Subjekt ist das der Politik. Es ist nicht das in uns eingeschlossene vereinzelte Individuum, sondern jede:r von uns in Zusammenarbeit mit anderen, eingelassen in das, was wir durch unseren Kontakt mit anderen darüber herausfinden, wer wir sind. Hier ist das Unbewusste, das nur Politik sein kann. Dies ist der Horizont der Psychoanalyse.

Die Erforschung des Unbewussten führt uns zur Politik. Dieser radikale Prozess der Politisierung ist das Gegenteil von Psychologisierung. Er nutzt die psychoanalytische Behandlung zum Zweck ihrer dialektischen »Aufhebung«, was bedeutet, im Moment ihrer Anwendung über sie hinauszuschreiten, sie auszuführen, um sie zu überwinden. Technisch gesehen – und dies ist eine technische Bedeutung, die wir in die Psychoanalyse übernehmen müssen, um sie zu radikalisieren – bezeichnet der Begriff der Aufhebung einen Prozess, der einen gegebenen Zustand verbessert und überwindet, während er gleichzeitig auflöst, was die in diesem Zustand liegenden Möglichkeiten bis dahin verunmöglichte. Auf dieselbe Weise kann auch die Unmöglichkeit der psychoanalytischen Behandlung in Befreiungsbewegungen überwunden werden.

Solch eine dialektische Aufhebung der Psychoanalyse erfordert eine enge Verbindung zwischen dem, was innerhalb, und dem, was außerhalb der Praxisräume vor sich geht. Dann, und nur dann, können wir die falschen Versprechungen einlösen, die von anderen, auf Anpassung zielenden Psy-Behandlungen gemacht werden. So kann uns die psychoanalytische Behandlung auch über sie selbst hinauswachsen lassen, uns in die Welt führen und dadurch ihre Existenz rechtfertigen. Psychoanalyse ergibt nur Sinn, wenn sie über sich selbst hinausführt.

Das radikalste Ziel dieser »kritischen Psychologie« ist nicht, die Psychoanalyse aufrechtzuerhalten, sondern sie der Vergangenheit zugehörig zu machen, die gesellschaftlichen Bedingungen abzuschaffen, die sie hervorgebracht haben, die Subjektivitätsformen zu verändern, die nach psychoanalytischer Behandlung verlangen. Der ethisch-politische Anstoß ist, dass eine andere Welt möglich ist, eine Welt, in der wir uns frei miteinander verbinden und in der die freie Entwicklung eines:einer jeden die Bedingung für die freie Entwicklung aller ist. Wir zielen auf die Erschaffung einer Welt, in der Psychoanalyse möglich, aber überflüssig ist.

Hintergrundliteratur

Wir haben absichtlich auf bibliografische Quellenangaben verzichtet, um unser Manifest nicht in die Form einer akademischen Diskussion aufzulösen, aber wir sind vielen Autor:innen verpflichtet, die uns inspiriert und beeinflusst haben. Es sind zu viele, um sie hier alle aufzuzählen. Wir werden im Folgenden lediglich auf einige Texte verweisen, die wir bei der Arbeit an diesem Manifest hilfreich fanden. Ihr werdet auf viele Ideen stoßen, die darin eingeflossen sind und umgearbeitet wurden.

Psychoanalyse

Dieses Manifest spricht über Psychoanalyse im Allgemeinen, aber unsere Arbeit ist von einer Reihe radikaler Traditionen beeinflusst. Wir sprechen natürlich über Sigmund Freud und diskutieren viele seiner Ideen, die in Texten wie *Das Unbewußte, Jenseits des Lustprinzips, Das Ich und das Es* und *Das Unbehagen in der Kultur* enthalten sind. Freuds Ideen sind zentral für jede psychoanalytische Arbeit, ob konservativ oder radikal. Es gibt viele »Einführungen« in die Psychoanalyse, die irreführend und in einigen Fällen schlicht falsch sind; eine klare und vertrauenswürdige Einführung ist Octave Mannonis *Sigmund Freud in Selbstzeugnissen und Bilddokumenten.*

Die radikalen Traditionen, die für uns wichtig sind, umfassen Psychoanalytiker:innen der ersten Welle kritischer Arbeit um Freud, seine Anhänger:innen, die auch Marxist:innen waren. Insbesondere haben wir von den Arbeiten Wilhelm Reichs gelernt, der für Kommunismus und sexuelle Befreiung kämpfte und aus diesem Grund sowohl aus der Internationalen Psychoanalytischen Vereinigung als auch aus der Kommunistischen Partei ausgeschlossen wurde. In Büchern wie *Dialektischer Materialismus und Psychoanalyse* und *Massenpsychologie des Faschismus* versuchte Reich, die freudsche Theorie zu nutzen, um die ideologische Verwurzelung der Gesellschaft in der Psyche und die sexuelle Unterdrückung in der kapitalistischen Gesellschaft zu verstehen, und wie diese Unterdrückung durch die bürgerliche Kernfamilie in die Individuen hinein vermittelt wird.

Wir mögen auch sehr die Werke von Erich Fromm, einem humanistischen Psychoanalytiker und Sozialisten, der stark von Marx beeinflusst war. Fromm stellt heraus, wie der Kapitalismus uns entmenschlicht, uns von unserer Menschlichkeit entfremdet und uns animiert, Dinge zu »haben«, von denen wir annehmen, sie machten uns glücklich, anstatt uns mit unserem »Sein« zu befassen. Ausgeführt ist dies in Büchern wie *Wege aus einer kranken Gesellschaft* und *Anatomie der menschlichen Destruktivität.*

Ein weiterer für uns zentraler Autor war Herbert Marcuse, eine wichtige Persönlichkeit für die Befreiungsbewegungen der 1960er- und 70er-Jahre. In seinen Büchern *Triebstruktur und Gesellschaft* und *Der eindimensionale Mensch* zeigt Marcuse die repressiven Aspekte bestimmter Formen der Freiheit in der gegenwärtigen Gesellschaft auf. Er hat uns auch geholfen, zwischen der Art der Unterdrückung zu unterscheiden, die der Kultur dient, und der zusätzlichen Unterdrückung, die der Ausbeutung und Repression im Kapitalismus dient.

Zu den späteren Analytiker:innen, die diese radikale Tradition fortsetzten, gehören Marie Langer und Joel Kovel. Langer beharrte zum Ende ihres Lebens darauf, Psychoanalytikerin zu bleiben, ohne ihre Beteiligung an Befreiungsbewegungen aufzugeben. Sie erklärt dies in ihrem Text *Psychoanalyse und/oder soziale Revolution.* Kovel beschrieb praktische analytische Arbeit im kapitalistischen Kontext, mit vom Kapitalismus beeinflussten Leben, in Büchern wie *The Age of Desire.* Er hörte auf, als Psychoanalytiker zu arbeiten, und engagierte sich ausschließlich in marxistischer und ökologischer Politik als »Ökosozialist«, während Langer dazu beitrug, die Psychoanalyse in Lateinamerika zu repolitisieren.

Das Problem mit dem sogenannten Freudomarxismus besteht darin, dass er manchmal ziemlich reduktiv ist; er tendiert dazu, die Klassenstruktur als direkt in der Charakterstruktur der Individuen reproduziert zu sehen, und dazu, Sexualität im konventionellen bürgerlichen Verständnis als unmittelbar erfahrbare befreiende Kraft zu betrachten. Das wird besonders deutlich bei Reich, in geringerem Maße bei Fromm, Kovel und Langer, aber es war eine Vorstellung und ein Problem, das schon von Marcuse diskutiert wurde. Einen hervorragenden Überblick über diese unterschiedlichen Traditionen bietet Stephen Frosh in *The Politics of Psychoanalysis: An Introduction to Freudian and Post-Freudian Theory*. Eine anregende Darstellung der Entwicklung der Psychoanalyse als allgemeiner Wohlfahrtspraxis (und nicht zum Zweck des privaten Profits) vor dem Aufstieg des Faschismus in Europa ist *Freud's Free Clinics: Psychoanalysis and Social Justice, 1918–1938* von Elizabeth Danto.

Die Tradition, die uns am stärksten geprägt hat, der wir aber auch kritisch gegenüberstehen, ist jene von Jacques Lacan, einem Analytiker, der mit der Internationalen Psychoanalytischen Vereinigung brach, um seine eigene Schule zu gründen und Analytiker:innen auszubilden. Lacan verschob den Fokus weg von biologischen Antriebskräften und biologisch verankerten Stufen der Charakterentwicklung hin zur Sprache. Sprache, organisiert durch das Symbolische, ist mehr als ein bloßes Kommunikationsmedium; sie ist eine Struktur, in der wir unseren Platz einnehmen, ein Äußeres, das uns umgibt; sie ist uns gegenüber das »Andere«, wie wir es in unserem Manifest erklären. Wir schätzen die kritischen Arbeiten lacanianischer Psychoanalytiker:innen zu ihrer Praxis, z. B. Christian Dunkers Buch *The Constitution of the Psychoanalytic Clinic – A History of its Structure and Power*, wie auch die Versuche von Samo Tomšič in *The Capitalist Unconscious*, Lacan direkt mit dem Marxismus zu verbinden. Wir schätzen weiterhin die frühere theoretische Intervention in Slavoj Žižeks *Das erhabene Objekt der Ideologie* wie auch die kritischen theoretischen Einschätzungen dieses Werks in Yannis Stavrakakis' *The Lacanian Left: Psychoanalysis, Theory, Politics*. Schließlich stehen uns die Arbeiten nahe, die versuchen, Lacans Psychoanalyse in einer fortschrittlichen linken Richtung zu repolitisieren, sei es in gemäßigter Form wie in Jorge Alemáns *Para una izquierda lacaniana* oder radikaler wie bei Emiliano Exposto und Gabriel Rodríguez Varela in *El Goce del Capital*.

Diese kritischen Arbeiten in der Tradition von Lacan wären unvollständig und nicht brauchbar ohne die Kritik aus den feministischen und antikolonialen Bewegungen, eine Kritik, die nicht immer vollkommen anerkannt wird. Für uns war die Arbeit der Analytikerin Juliet Mitchell in *Psychoanalyse und Feminismus. Freud, Reich, Laing und die Frauenbewegung* entscheidend für das Argument der Beschränktheit des »Freudomarxismus«, und dass es lohnenswert sei, Lacan in seiner Verbindung von persönlicher mit gesellschaftlicher Veränderung ernst zu nehmen. Anregend waren zudem die psychoanalytischen Versuche des revolutionären Psychiaters Frantz Fanon, die Einbettung des Rassismus in weißen wie auch in schwarzen Subjekten zu verstehen, insbesondere in seiner bahnbrechenden Schrift *Schwarze Haut, weiße Masken.*

Kritische Psychologie

Wiewohl beide in Psychologie ausgebildet, haben wir uns der Psychoanalyse zugewandt, weil wir erkannten, dass im Fachgebiet Psychologie etwas ernstlich falsch läuft, einschließlich seines Sexismus, Rassismus, seiner Homophobie, der kolonialen Funktion, der Komplizenschaft mit dem Kapitalismus und der Verachtung von Menschen aus der Arbeiterklasse. Die Psychologie bedient sich bisweilen der psychoanalytischen Theorie, meist in reaktionärer Weise, und meist verabscheut sie die Psychoanalyse auch, betrachtet sie als Bedrohung. In diesem Manifest argumentieren wir dafür, dass Psychoanalyse die radikalste Form »kritischer Psychologie« darstellt, die möglich ist, ein Versuch umzuschwenken und die Psychologie als Teil des Problems zu sehen statt als eine Lösung für unsere Leiden.

Zu den Autor:innen der »kritischen Psychologie«, die uns am stärksten beeinflusst haben, gehört Ignacio Martín-Baró, der die Kritik der Psychologie mit einem Befreiungsprojekt verbindet. Er bestand darauf, dass die Psychologie nur dann der Befreiung der Völker Lateinamerikas dienen könne, wenn sie sich von ihrer eigenen Entfremdung befreit. Wir denken, dass die Psychologie sich nur dadurch befreien kann, dass sie sich von *sich selbst* befreit. Daher setzen wir auf die Psychoanalyse.

In der breiten Tradition der »kritischen Psychologie« gibt es psychoanalytische Kritiken, etwa im Werk von Néstor Braunstein, der gemeinsam mit Marcelo Pasternac, Gloria Benedito und Frida Saal *Psicología: Ideología y Ciencia* verfasste. Sie zeigen, dass die Psychologie vorgibt, eine Wissenschaft zu sein, es in Wirklichkeit aber nicht ist, sondern vielmehr einer Ideologie und einer Technologie im Dienst des Kapitalismus entspricht. Eine der radikalsten Kritiken der Psychologie zielt gegenwärtig auf die »Psychologisierung« und darauf, wie Vorstellungen aus dieser Disziplin als globale Kraft wirken; so in den Arbeiten von Jan de Vos, darunter *Psychologisation in Times of Globalisation.*

Nicht jede Kritik der Psychologie baut auf die Psychoanalyse als eine Alternative. Das gilt allemal innerhalb der Psychiatrie, wo die sogenannten »Antipsychiater:innen« und »Demokratischen Psychiater:innen« oft dazu neigten, die Psychoanalyse als Teil des »Psy-Komplexes« zu sehen, also als ein »Psy«-Gewerbe, das darauf abzielt, Menschen an die Gesellschaft anzupassen.

Am meisten interessiert haben uns natürlich die internen Kritiker:innen der Psychiatrie, die sich mit radikaler Politik verbunden haben. Dazu gehören Franco Basaglia mit Büchern wie *Psychiatry Inside Out* und Marius Romme, der zusammen mit Sandra Escher *Stimmenhören verstehen* geschrieben hat, in dem es um das Phänomen des »Stimmenhörens« als Teil der menschlichen Erfahrung geht, anstatt es als krankhaftes Symptom von Schizophrenie oder eine Form der »Psychose« zu betrachten. Wir haben die zentrale Aussage von Wolfgang Hubers antipsychiatrischer Intervention ernst genommen: *SPK*[6] *– Aus der Krankheit eine Waffe machen*.

An dieser Stelle sei auch die kritische lacanianische Arbeit zur »Psychose« von Annie G. Rogers erwähnt, einer Psychoanalytikerin, die selbst mit der Diagnose einer »Psychose« lebte, während sie weiter praktizierte: *The Unsayable: The Hidden Language of Trauma.*

6 Sozialistisches Patientenkollektiv.

Politik

Wir kommen aus unterschiedlichen Traditionen der Linken. In dieses Manifest haben wir viele Ideen und sogar Schlüsselbegriffe und -sätze aus den Werken von Karl Marx einfließen lassen. Seine Ideen waren entscheidend für die sozialen Bewegungen, die die russische, chinesische und kubanische Revolution sowie viele antikoloniale und anti-imperialistische Bewegungen in der ganzen Welt ermöglichten. Der Marxismus ist weiterhin Inspiration für antikapitalistische und antifaschistische Kämpfe weltweit. Wir sind dem radikalen Geist dieser Kämpfe und den früheren Bewegungen und Revolutionen verbunden, und wir stehen auf der Seite der Verteidigung des Errungenen gegen bürokratische Übergriffe, gegen den Verrat durch selbsternannte Führer.

Zu den vielen marxistischen Schriften, die uns beeinflusst haben, gehören Ernest Mandels *Entstehung und Entwicklung der ökonomischen Lehre von Karl Marx*, das verdeutlicht, dass der Marxismus eine historisch spezifische Analyse ist, eine Analyse des Kapitalismus mit dem Ziel seiner Überwindung. Außerdem sein Buch *Macht und Geld. Eine marxistische Theorie der Bürokratie*, in dem er den Zusammenbruch der sozialistischen Staaten mit der Zersetzung der politischen Basis der Macht der Arbeiterklasse durch bürokratische Usurpation erklärt.

Wir würdigen auch den Beitrag von Marx' Co-Autor Friedrich Engels in *Der Ursprung der Familie, des Privateigentums und des Staats*. Wenngleich Engels kein Feminist war, ist seine Verknüpfung der Institution Familie mit der Aufrechterhaltung des Privateigentums und der Art von Staatsstruktur, die dem Schutz der Mächtigen in der Gesellschaft dient, eine vernichtende Anklage gegen das Patriarchat. Feministische Patriarchatskritikerinnen haben Freud oft als Feind angesehen, und mit gutem Grund, etwa Kate Millett in *Sexus und Herrschaft*. Der radikalste Flügel der sogenannten »zweiten Welle« des Feminismus in den 1960er- und 70er-Jahren brachte dann eine sozialistisch-feministische Politik und den Slogan »Das Persönliche ist politisch« hervor.

In unserem Manifest argumentieren wir zugunsten der Psychoanalyse, ohne uns Zeit für eine Auseinandersetzung mit ihren vielen Kritiker:innen zu nehmen. Dabei nehmen wir feministische und antikoloniale Kritiken ernst, auch Kritiken daran, wie die Psychoanalyse unbewusst die Logik gesellschaftlicher Macht reproduziert – meisterhaft herausgearbeitet von dem Soziologen Robert Castels in *Psychoanalyse und gesellschaftliche Macht* – und Menschen, die dies kritisieren, pathologisiert; das letztgenannte Thema wird sehr gut behandelt in *The Psychoanalytic Movement, or The Coming of Unreason* des Anthropologen Ernest Gellner.

Sozialistisch-feministische Politik umfasste Anarchist:innen, darunter Jo Freeman, die den Aufsatz *Die Tyrannei in unstrukturierten Gruppen* schrieb, auf den wir in diesem Manifest Bezug nehmen. Die verschiedenen Varianten der Überschneidung radikaler politischer Traditionen werden von Cinzia Arruzza in *Feminismus und Marxismus* ausführlich beschrieben und diskutiert. Schwarzer Feminismus im Werk von Audre Lorde, etwa in ihrem Buch *Sister Outsider*, pocht auf die Wichtigkeit, der Macht gegenüber die eigene Wahrheit auszusprechen – ein Argument, das wir in diesem Manifest mehrfach aufgegriffen haben.

Wir haben gemeinsam einen Band in Spanisch herausgegeben, der viele Versuche unterschiedlicher Autor:innen beinhaltet, radikale Politik mit kritischer Psychologie und Psychoanalyse zu verbinden: *Marxismo, Psicologia y Psicoanálisis*. Diese Hintergrundliteratur ist auch über die beiden Blog-Seiten zugänglich, auf denen wir, soweit möglich, Links zu Schlüsseltexten eingefügt haben und die Artikel zu den Themen enthalten, die wir in diesem Manifest behandeln: https://sujeto.hypotheses.org und https://fiimg.com/psychopolitics.

Die Mitwirkenden

Ian Parker ist Psychoanalytiker in Manchester, Marxist und Mitglied in diversen linken Gruppen und Kampagnen. Viele seiner akademischen Werke befassen sich mit Varianten »kritischer Psychologie«, mit verschiedenen Wegen der Entwicklung von Alternativen zur Mainstream-Psychologie sowie praktischen Initiativen, menschliches Leiden zu beheben.

David Pavón-Cuéllar, Professor für Psychologie und Philosophie an der Universität Michoacana de San Nicolás de Hidalgo in Morelia, ist Marxist und an radikalen linken Kollektiven in Mexiko beteiligt. Seine akademische Arbeit entwickelt sich entlang der Kreuzungslinien von lacanianischer Psychoanalyse, marxistischer Theorie und kritischer Psychologie.

Robert Hamm lebt in Irland und arbeitet am Department of Sociology der Universität Maynooth. Jahrelange Beschäftigung mit der sozialwissenschaftlichen Methode der Erinnerungsarbeit nach Frigga Haug mündete zuletzt 2021 in das Buch *Kollektive Erinnerungsarbeit. Anwendungen, Variationen, Adaptionen weltweit.*

Fiona Kalkstein, Dr. phil., ist stellvertretende Direktorin des Else-Frenkel-Brunswik-Instituts für Demokratieforschung an der Universität Leipzig, das in der Tradition der Studien zum Autoritären Charakter sowohl quantitativ als auch tiefenhermeneutisch die Einstellungen zur gegenwärtigen Gesellschaft untersucht.